O judeu pós-judeu
Judaicidade e etnocracia

O judeu pós-judeu: Judaicidade e etnocracia
Bentzi Laor e Peter Pál Pelbart

© Bentzi Laor e Peter Pál Pelbart
© n-1 edições, 2024
ISBN 978-65-6119-008-4

Embora adote a maioria dos usos editoriais do âmbito brasileiro, a n-1 edições não segue necessariamente as convenções das instituições normativas, pois considera a edição um trabalho de criação que deve interagir com a pluralidade de linguagens e a especificidade de cada obra publicada.

COORDENAÇÃO EDITORIAL Peter Pál Pelbart e Ricardo Muniz Fernandes
DIREÇÃO DE ARTE Ricardo Muniz Fernandes
GESTÃO EDITORIAL Gabriel de Godoy
ASSISTÊNCIA EDITORIAL Inês Mendonça e Julia Murachovsky
PREPARAÇÃO Ana Godoy
REVISÃO Fernanda Mello
EDIÇÃO EM LATEX Suzana Salama
CAPA Luan Freitas
ILUSTRAÇÃO DA CAPA Fragmento da gravura *Moisés quebrando as Tábuas da Lei*, prancha 39 da série "A Bíblia". Gravura em metal e água-tinta com coloração à mão em aquarela, 1931–1939. Dimensões: 28,9 × 22,9 cm (prancha) e 53,7 × 39,1 cm (folha).

A reprodução parcial deste livro sem fins lucrativos, para uso privado ou coletivo, em qualquer meio impresso ou eletrônico, está autorizada, desde que citada a fonte. Se for necessária a reprodução na íntegra, solicita-se entrar em contato com os editores.

1ª edição | 1ª reimpressão | Julho, 2024
n-1edicoes.org

O judeu pós-judeu
Judaicidade e etnocracia

BENTZI LAOR　　　　　　PETER PÁL PELBART

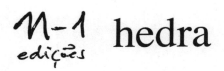 hedra

INTRODUÇÃO. .7

A VÍTIMA E O CARRASCO. 11

DESCONSTRUÇÃO DO MITO DA CONTINUIDADE
DO POVO JUDEU. 49

MESSIANISMOS HERÉTICOS. 83

O SIONISMO À LUZ DE UMA HISTÓRIA ABERTA. 113

A DIÁSPORA: UMA CARTOGRAFIA. 167

IDENTIDADE E DESPOSSESSÃO. 183

EPÍLOGO. 211

CRONOLOGIA. .218

Introdução

> Em certo momento, face a acontecimentos públicos, sabemos que devemos recusar. A recusa é absoluta, categórica [...] O que nós recusamos não é sem valor nem sem importância. Justo por isso a recusa é necessária. Há uma razão que não aceitamos mais, há uma aparência de razoabilidade que nos causa horror, há uma oferta de acordo e de conciliação que não mais escutaremos. Produziu-se uma ruptura. Fomos levados a essa franqueza que não tolera a cumplicidade.[1]
>
> MAURICE BLANCHOT

O massacre perpetrado pelo Hamas em 7 de outubro contra civis israelenses e a Hecatombe que Israel lançou em seguida contra a população palestina de Gaza escancararam as vísceras desse conflito que já dura mais de cem anos. Além das bombas, explodiram os corações, os consensos, as acomodações coloniais vigentes até recentemente.

A ideia deste livro surgiu em conversas remotas, vivendo um dos autores no Brasil, outro em Israel. Aproveitamos a amizade de décadas e a confluência de ideias para colocar o dedo na ferida. Não cabia fingir imparcialidade, objetividade, isenção, nem fazer uma análise fria das razões que levaram a esse conflito. Elas são por demais conhecidas. Precisávamos falar a partir de um sentimento de desmoronamento. Nenhuma palavra de ordem em circulação nos servia. A única opção que se apresentou a nós foi, a partir de uma ruptura cuja natureza ainda demandará tempo para ser

1. Maurice Blanchot, "Le refus", outubro de 1958. In: *L'Amitié*. Paris: Gallimard, 1992.

convenientemente nomeada, falar de dentro dela. Como quando um terremoto fragmenta uma paisagem aparentemente contínua, fomos obrigados a percorrer essa terra mental, espiritual, subjetiva e geopolítica dita judaica a partir das fissuras, dos vãos sombrios que nela se abriram, e do fundo sem fundo que foi aparecendo. "Mas deixemos de lado as metáforas, caros autores – afinal, do que se trata? De que lado vocês estão? Qual a vossa posição?"

Resolvemos mapear os traços que impedem a existência judaica de enxergar o conflito para além de seus medos e certezas, a começar pela convicção de que nenhuma tragédia coletiva se compara à sua, o que justifica o recurso a todos os meios para se defender. Não estaríamos confundindo a diáspora judaica e o Estado judeu, num amálgama infundado? Ocorre que, há décadas, as comunidades diaspóricas se submeteram à tutela do Estado de Israel, e têm sido arrastadas por ele e por suas opções estratégicas a uma inflexão subjetiva e política das mais inquietantes. A questão, portanto, não é a antiga indagação metafísica *o que é ser judeu*? O problema aqui analisado é de outra natureza: o que fez com que a identidade e a imagem dos judeus, em poucas décadas, do Holocausto à Guerra dos Seis Dias, tenham sofrido uma mutação tão radical? De vítimas passaram a carrascos, de frágeis a brutos, de indefesos a insensíveis... Quais fatores internos ou externos ao que Hannah Arendt chamou de judaicidade (*Jewishness*) produziram uma tal reviravolta?

Por séculos os judeus foram alvo de perseguições e massacres sem fim. Era inevitável que a autovitimização virasse um componente central da subjetividade judaica? O problema se agrava quando o Estado judeu se vale do lugar de vítima para justificar a opressão exercida por ele.

Mas isso não é tudo. Como o elemento étnico ganhou tamanha primazia na relação dos judeus com os gentios, na diáspora, e dos israelenses com os palestinos, em Israel? Não presenciamos uma espécie de supremacismo etnocrático?

Para responder a essas perguntas foi preciso repensar os seguintes pontos:

1. A história da judeofobia e do antissemitismo;

2. O mito da continuidade étnica e religiosa do "povo judeu";

3. A história do sionismo e as bifurcações que, no seu início, ainda pareciam possíveis ou até promissoras;

4. A perspectiva dos historiadores palestinos a respeito de seu movimento nacional e sua liderança;

5. A prevalência da dicotomia judeu/não judeu e suas incidências para uma ética da alteridade;

6. A marca da tradição messiânica judaica no pensamento do século xx, de Rosenzweig, Scholem e Benjamin até Levinas e Derrida;

7. A discrepância entre esse tesouro filosófico e espiritual e as tendências atuais da diáspora, bem como a política de Israel perante os palestinos.

Tivemos que nos valer de muitas pesquisas alheias. Fizemos um arrastão histórico-filosófico, de Isaac Deutscher a Judith Butler, de Hannah Arendt a Mahmud Darwish, de Shlomo Sand e Adi Ophir. Precisávamos entender como o povo mais desterritorializado da história viu seu rosto inteiramente reconfigurado a partir da reterritorialização na chamada Terra Santa, e seguir as implicações dessa reviravolta.

Como o diz Enzo Traverso, talvez estejamos assistindo ao fim da modernidade judaica – isto é, esse período riquíssimo em que pensadores, artistas, poetas, compositores, revolucionários de origem judaica contribuíram de maneira decisiva para a constituição de nossa modernidade ou para sua contestação – de Marx e Freud a Adorno e Benjamin, de Kafka a Celan, de Klimt a Schönberg. Sem esquecer, no contexto israelense, as contribuições de Amós Oz, A. B. Yehoshua e Zeev Sternhell.

Não se trata de antecipar aqui o resultado dessa trajetória e das várias hipóteses que fomos testando. Basta dizer que dessas tentativas veio-nos o vislumbre de alguma coisa que não conseguimos ainda definir com precisão, senão de modo alusivo, com a expressão um pouco canhestra de *O judeu pós-judeu*, inspirada no título do livro de Isaac Deutscher, o biógrafo de Trotsky, *O judeu não judeu*.

✳

Quis o acaso que, nos pouquíssimos meses ao longo dos quais escrevemos este ensaio, um de nós estivesse em Berlim, onde a palavra *genocídio* foi proibida nos protestos palestinos, sob pena de prisão, e o outro, nas cercanias de Tel Aviv, participando das vigílias em favor da libertação dos reféns e das manifestações contra o governo. Talvez a circunstância bizarra de ter sido escrito nessas duas cidades, dado o histórico que paradoxalmente enlaça a Shoá [Holocausto] e a fundação do Estado de Israel, além das diferenças de contexto, estilo e bagagem, tenha colaborado para o formato híbrido e o tom irregular deste livro. Nós o escrevemos em três meses, em um fluxo febril, mas parte dessas ideias vem maturando há anos em cada um de nós. Era urgente fazê-las circular, dadas as notícias pavorosas que nos chegavam a cada dia da Palestina/Israel e o acúmulo de clichês que envenenaram o debate em torno do assunto. Sem dúvida, é ela uma das zonas que os especialistas em terremoto chamariam de *zona sísmica*. Contudo, seus efeitos extrapolam em muito o Oriente Médio e atravessam as comunidades judaicas e palestinas espalhadas pelo planeta, fraturando a opinião pública brasileira e internacional.

Temos total consciência das insuficiências desse sobrevoo. Que os inúmeros defeitos de um livro escrito a quatro mãos, em continentes distantes, em velocidade insana, em meio à turbulência geopolítica, possam servir de convite à reflexão e ao prolongamento das poucas pistas aqui entreabertas.

Os autores

A vítima e o carrasco
Radiografia de uma reviravolta

O PONTO CEGO

De todas as identidades que me constituem, a mais inegociável é a de judeu. Nada a ver com religião, culto, fé, mas um sentimento difuso de pertinência a uma história de sofrimento, perseguição, exílio, fuga, sobrevivência. Supostamente o povo judeu é o mais sofrido da terra: há mais de dois milênios enfrenta tudo, da escravidão à expulsão, da conversão forçada ao racismo, dos *pogroms* aos campos de extermínio. A singularidade de Auschwitz é absoluta. O povo eleito terá tido o privilégio de mostrar ao mundo o que jamais se deve repetir. Outros sofrimentos coletivos povoam a história, sem dúvida, dos indígenas dizimados aos negros escravizados, das mulheres subjugadas aos dissidentes sexuais eliminados, dos loucos torturados às feiticeiras queimadas vivas, e a lista aqui é infinita. Mas no fundo do fundo do fundo nenhum deles é comparável ao do povo eleito, seja no número de vítimas, seja nos métodos utilizados, seja na intenção deliberada de apagar da face da terra o vestígio último de sua existência. Quando perguntam o que é o povo judeu, a resposta laica que vem à mente é: uma comunidade de destino. Ou de dor. E você se dá conta de que isso te aconchega, te aquece o coração, te protege. Ademais, isso desenha a geografia de teus afetos, cumplicidades e repulsas.

Um dia você descobre, espantado, que ter sido a vítima mais "judiada" de toda a história da humanidade é um privilégio. Uma honra. Uma glória. Que isso agrega sentido e valor à tua existência. Isso te faz mais interessante, profundo, denso, talvez até mais sensível e mais inteligente. Isso te garante uma superioridade moral no palco da história. É um poder sutil, uma carta na manga que você usa sempre que se vê desafiado a prestar contas no tribunal da história.

Não é chegada a hora de questionar esse narcisismo mórbido? Sejamos claros: só uma raça superior sai vitoriosa num tal campeonato do horror. O sobrevivencialismo a toda prova desemboca num supremacismo étnico.

É preciso então separar o joio do trigo, perguntar-se o que é história e o que é mito, e ver o que sobra da identidade judaica uma vez feita essa operação contraintuitiva, a de escovar a contrapelo a história do antissemitismo. Não basta combater sem trégua o negacionismo do Holocausto, uma das mais abjetas de todas as denegações. É igualmente urgente dar a ver quais negacionismos acarreta a etnocracia da eterna vítima, e que outras vozes ela silencia.

O JUDEU BIPOLAR

Já vai longe o tempo em que o judeu era visto como uma vítima indefesa e passivamente submetida aos ventos da história. Pelo menos desde o século XIX ele é considerado detentor de poderes tentaculares, sobretudo no âmbito financeiro, mas também intelectual, científico, midiático. Ultimamente, acrescentou-se a dimensão militar: dado o poderio israelense, o judeu aparece associado à potência atômica e colonial.

Por mais que se deseje separar as atitudes de Israel da diáspora judaica, dificilmente os judeus espalhados pelo mundo são poupados de responsabilidade pelas ações do Estado de Israel – seja como apoiadores, cúmplices, seja diretamente como partícipes.

Consequentemente, há tempos as comunidades judaicas espalhadas pelo mundo são associadas ao imperialismo norte-americano, aos interesses do Ocidente, ao norte global, com o cortejo de acusações vinculadas: *apartheid*, racismo, fascismo, quando não diretamente nazismo.

A reviravolta no estatuto dos judeus não poderia ser mais radical. No espaço de menos de um século, as antigas vítimas da Inquisição, dos *pogroms*, das câmaras de gás e fornos crematórios passaram a agir ou a serem vistos como agentes do supremacismo branco, perpetradores de massacres aéreos contra civis palestinos esfomeados, que, carregando crianças agonizantes nos braços, perguntam às câmeras de televisão simplesmente isto: *por quê? Por que nós? O que fizemos?* Tudo isso, obviamente, transmitido ao vivo e em cores pelo planeta inteiro. Não à toa, em dezembro de 2023 uma pesquisa revelou que dois terços dos jovens estadunidenses entre 18 e 24 anos consideram os judeus – "todos os judeus" – uma classe opressora.[1]

TEORIA DO COMPLÔ MUNDIAL

É como se os judeus tivessem encarnado parte dos *Protocolos dos sábios de Sião*. Como se sabe, o documento forjado pela polícia secreta czarista ainda no século XIX produziu a conhecida hipótese do complô mundial. Ali se explicita um plano de dominação do mundo apoiado nos seguintes princípios: a força embasa o direito; os meios justificam os fins; é preciso governar pelo terror e pela violência; o povo é sinônimo de ignorância, covardia, anarquia; somente um déspota absolutista é capaz de conduzir o populacho cristão, embrutecido pelo álcool, pelo luxo, pela lascívia e desencaminhado pelos estudos clássicos.

Muitas outras curiosidades compõem este documento. Quem lançou o lema *Liberdade, Igualdade, Fraternidade*, senão os judeus?[2] Pois era preciso derrubar a aristocracia vigente, único estamento capaz, outrora, de defender os tradicionais valores religiosos, para substituí-la pela "aristocracia da in-

---

1. Lúcia Guimarães, "Guerra em Gaza convulsiona universidades dos EUA". *Folha de S. Paulo*, 28/12/23, p. A8.
2. Gustavo Barroso (org.), *Os protocolos dos sábios de Sião*. São Paulo: Minerva, 1936, p. 107.

teligência e das finanças", cujo objetivo é ludibriar os pobres de espírito. Afinal, a liberdade não é para todos, a igualdade contraria a natureza, a fraternidade é para os fracos.[3]

O marxismo, o darwinismo e o nietzschianismo também são criações judaicas, já que visam abalar de vez os alicerces da cultura cristã. O socialismo, o anarquismo, o comunismo constituem meros instrumentos para o domínio da *franco-maçonaria social* – verdadeiro agente do complô judeu. "Nosso interesse [...] é que os cristãos degenerem. Nosso poder reside na fome crônica, na fraqueza do operário, porque tudo isso o escraviza à nossa vontade."[4] Os fortes sabem trair, apropriar-se dos bens alheios, impor a ferro e fogo sua lei e seu arbítrio:

> Nosso triunfo foi ainda facilitado pelo fato de, nas nossas relações com os homens de quem precisamos, sabermos tocar as cordas mais sensíveis da alma humana: o cálculo, a avidez, a insaciabilidade dos bens materiais, todas essas fraquezas humanas, cada qual capaz de abafar o espírito de iniciativa, pondo a vontade dos homens à disposição de quem compra sua atividade.[5]

Segue um manual primário e tosco de manipulação política e econômica, especulação financeira transnacional, cosmopolitismo apátrida, planos para a destruição dos valores cristãos, sua fé, seus princípios, e a necessidade de oprimir o povo pelos meios mais diversos, desde o terrorismo até a guerra, desde as ciências, a educação pela imagem e a corrupção das letras até a contratação dos mais competentes administradores, jurisconsultos, publicistas na formação do Governo Supremo:

> De nós promana o terror que tudo invade. Temos a nosso serviço homens de todas as opiniões, de todas as doutrinas; restauradores de monarquias, demagogos, socialistas, comunistas e toda sorte de utopistas; atrelamos o mundo inteiro ao nosso carro.[6]

3. Ibidem, p. 109.
4. Ibidem, p. 104.
5. Ibidem, p. 94.
6. Ibidem, p. 137.

Ao impelir as tendências várias a se entredevorarem, semearam a desordem e o caos, corroendo as instituições. "Em caso de rebelião, trata-se de fazer voar pelos ares os metrôs das principais capitais!"

O objetivo final é que a "raça" dispersa, que jamais conseguiu alçar-se ao poder diretamente, o faça por meios escusos: "Deus nos deu, a nós, seu povo eleito, a dispersão, e, nessa fraqueza de nossa raça, se encontra a força que nos trouxe hoje ao limiar do domínio universal".[7] Só então a religião de Moisés deverá imperar como única. "Se o rei de Israel puser sobre sua cabeça sagrada a coroa que a Europa lhe oferecerá, tornar-se-á o patriarca do mundo."[8] Ao invés de um Papa cristão, o rei dos judeus será o "verdadeiro papa do universo, o patriarca da Igreja Internacional".

É de se perguntar como um documento tão estapafúrdio ganhou tamanha notoriedade. Seu caráter antissemita serviu, certamente, para alimentar a luta contra a revolução bolchevique, acusada de estar infiltrada por judeus que nela teriam visto uma oportunidade de dar seguimento à conquista do mundo e à destruição da civilização cristã. Mas o mesmo documento foi integralmente adotado e explorado pelo movimento nazista, e ainda permeia o debate um pouco por toda parte.

A CONTINUIDADE ÉTNICA EM QUESTÃO

No documento apócrifo aparecem acusações de fundo religioso, teológico, econômico, racial ou político. Será o antissemitismo um fenômeno unitário e atemporal, revelando uma espécie de destino metafísico, indissociavelmente ligado à própria natureza de um "povo eleito"? Imediatamente surge outra pergunta. Em que medida a trajetória ziguezagueante desse povo não estaria diretamente vinculada e dependente desse mesmo antissemitismo? Em outros termos, mais coloquiais: o que seria do antissemita sem um judeu para odiar? O que seria do judeu sem

---

7. Gustavo Barroso (org.), *Os protocolos...*, op. cit., p. 154.
8. Ibidem, p. 184.

um antissemita contra o qual brandir seu eterno sofrimento, compondo assim o núcleo de sua própria identidade? Haveria como desfazer essa mútua dependência, essa aliança macabra?

Para que essas perguntas tenham alguma validade, seria preciso admitir, antes de tudo, que o povo judeu ele mesmo "existe". Em outras palavras, que ele tem uma existência contínua no tempo, e uma mínima unidade religiosa, étnica ou cultural. Shlomo Sand mostrou, na contramão da historiografia sionista, que sequer a *expulsão* dos judeus da chamada Terra Santa, após a destruição do Segundo Templo – versão que justificaria o direito ao retorno –, corresponde à realidade. Mais preciso seria falar em *exílio* voluntário. Deixaremos os pressupostos e implicações dessa interpretação iconoclasta para o próximo capítulo.

A RACIALIZAÇÃO DO JUDAÍSMO

Não se pode dizer, como reza a vulgata, que o antissemitismo tenha acompanhado o judaísmo ao longo de toda sua história, já que essa história é ela mesma entrecortada e ziguezagueante. O expansionismo religioso apoiado no proselitismo ativo desde o século v a. C. até os primeiros séculos de nossa era, o florescimento de várias comunidades judaítas em diversos continentes, o deslocamento de uma ideia de comunidade de origem para uma comunidade de fé, tudo isso, pelo tempo que durou, contrasta violentamente com a imagem do judeu minoritário e perseguido, eterno sofredor à mercê da violência dos impérios e religiões hostis. Que os três monoteísmos rivalizassem, entrassem em embates, sofressem mútuas influências, nada tem de excepcional. Por isso, como o diz Hannah Arendt, é difícil taxar de antissemita todo embate religioso em que o judaísmo tomou parte, sobretudo nos primeiros séculos de nossa era.[9]

A heterogeneidade na composição étnica do povo judeu colocou para a historiografia judaica e para o sionismo mais pro-

---

9. Hannah Arendt, *Origens do totalitarismo: antissemitismo, instrumento de poder*, trad. bras. Roberto Raposo. São Paulo: Companhia das Letras, 1989.

blemas do que o próprio antissemitismo poderia imaginar. Pois é como se tal heterogeneidade pusesse em xeque o direito de existência do Estado de Israel. Um bom exemplo foi o livro de Arthur Koestler chamado *Os khazares*, tachado de antissemita em Israel apenas por evocar o império khazar como possível origem de parte do judaísmo europeu – o rei dos khazares teria se convertido ao judaísmo e incorporado a população de seu império ao povo judeu. Paradoxalmente, a intenção de Koestler era combater a teoria da raça hitleriana. Incondicional defensor de Israel como *lar nacional* para os judeus, Koestler pensava que os judeus não deveriam definir-se segundo parâmetros raciais, tal como o haviam feito os nazistas. Assim, postulava

> que os ancestrais desses judeus não vinham das margens do Jordão, mas das planícies do Volga, não de Canaã, mas do Cáucaso, onde se viu o berço da raça ariana. E, geneticamente, eles seriam mais próximos dos hunos, dos uigures, dos magiares, do que da semente de Abraão, Isaac e Jacó. Se assim fosse, a palavra *antissemitismo* não teria sentido algum.[10]

Contudo, o risco de que o antissemitismo perdesse sua relevância histórica fez com que os historiadores israelenses interpretassem tal evocação da conversão dos khazares como uma ameaça à legitimidade do Estado de Israel – como se apenas uma estrita continuidade racial pudesse assegurá-la. Mas não seria justamente a racialização do judaísmo, obstinadamente reivindicada pela historiografia sionista, um problema? É preciso dar nome aos bois: a ideologia sionista precisava da linearidade histórica do povo judeu, bem como de seu fundamento racial, para fundamentar sua reivindicação do "retorno". Que tal racialização também tenha caracterizado a prática do nacional-socialismo em seu projeto genocida é apenas mais uma ironia – senão um traço trágico suplementar – à interdependência entre o judeu e o antissemita sugerida acima.

---

10. Arthur Koestler, *The Thirteen Tribe*, p. 17 apud Shlomo Sand, *A invenção do povo judeu*, trad. bras. Eveline Bouteiller. São Paulo: Benvirá, 2011, p. 429.

Sabe-se que a hereditariedade racial foi defendida por Moses Hess, e mais tarde por Nathan Birnbaum, inventor do termo "sionista", que escreveu:

> Só as ciências naturais podem explicar a especificidade intelectual e afetiva de um povo em particular. "A raça é tudo", disse um de nossos maiores correligionários, lorde Beaconsfield [Benjamin Disraeli], a especificidade do povo se encontra na especificidade da raça.[11]

É verdade que, nesse período, uma mística neorromântica envolvia com uma aura espiritual a base biológica, como em Martin Buber, até que a Segunda Guerra interditasse definitivamente o termo "raça".

Mas considere-se a Lei do Retorno, um dos fundamentos do projeto sionista, que reconhece o direito de todo e qualquer judeu em adquirir a cidadania israelense. No início, considerava-se a autodeclaração suficiente. Mais tarde, passou-se a usar o critério da ortodoxia religiosa – judeu é somente o filho de mãe judia, e que não professe outra religião. Com isso, o Estado destinado a servir de refúgio para um povo errante, perseguido e plural passou a definir quem é judeu e quem não é numa base étnico-religiosa. Quando o rabinato ortodoxo, nas negociatas políticas dos governos israelenses, conquista o direito exclusivo de decisão sobre quem é judeu, portanto, quem merece a imediata cidadania israelense, e se baseia nos critérios mencionados, um passo a mais é dado na direção da essencialização da identidade. Ainda veremos como a fronteira demarcada com tamanha insistência entre judeu/ não judeu, com a qual os judeus tantas vezes sofreram, em tantas épocas e países, passou a regular todas as relações internas e externas da sociedade israelense, fortalecendo o vetor etnocêntrico e supremacista, e colaborando para a consolidação de uma etnocracia.

CENTRALIDADE FINANCEIRA E ALHEAMENTO POLÍTICO

Ao escrever seu *Origens do totalitarismo: antissemitismo, instru-*

---

11. Joachim Doron, *O pensamento sionista de Nathan Birnbaum*. Jerusalém: Biblioteca Sionista, 1988, p. 177 [em hebraico] apud Shlomo Sand, *A invenção do povo judeu*, op. cit., p. 461.

mento de poder, Hannah Arendt notava a dificuldade em encontrar algum estudo analítico historicamente confiável sobre o antissemitismo – muito diferente da torrente de publicações atuais, que Norman Finkelstein põe na conta de uma indústria do Holocausto, como se verá.[12] Segundo ela, os livros disponíveis na época foram elaborados ora por não judeus mentecaptos, ora por judeus apologéticos.[13] A filósofa recusava toda versão "lacrimogênea" – pois não se trata de lamentar, mas de compreender – ainda que a compreensão não apague em absoluto a dimensão do "mal absoluto", como ela qualificou o genocídio.

Ora, a historiografia judaica tende a ler a sequência de catástrofes, expulsões e massacres que caracteriza a sua trajetória desde a Antiguidade romana como um martirológio, espécie de condição metafísica indissociável de um "povo eleito". O antissemitismo moderno nada mais seria, nessa perspectiva, do que o antigo ódio aos judeus com base religiosa. Contra tal suposta linearidade, a filósofa postula, como lembrado acima, que o conflito entre as religiões, que caracterizou parte da história judaica a partir do Império Romano, não escapava ao padrão da rivalidade entre religiões e dos ódios recíprocos que as acompanham. Corrobora-a Léon Poliakov, em seu monumental *Histoire de l'antisémitisme*:

> só raramente detectamos, na antiguidade pagã, essas reações coletivas que na sequência tornarão a sorte dos judeus tão dura e precária. Acrescentemos que, como regra geral, o Império Romano da época pagã não conheceu o "antissemitismo de Estado".[14]

Com o cristianismo, a proximidade entre "religião-mãe" e "religião-filha" produziu inúmeras zonas cinzentas, de indefinição, entrecruzamento, contaminação recíproca, seitas intermediárias, rivalidades no proselitismo, deslocamentos rituais e doutrinários, acusações relacionadas à responsabilidade judaica

---

12. Norman Finkelstein, *L'industrie de l'Holocauste: réflexions sur l'exploitation de la souffrance des Juifs*. Paris: La fabrique, 2019.

13. Hannah Arendt, *Origens do totalitarismo*, op. cit., p. 16.

14. Léon Poliakov, *Histoire de l'antisémitisme*, v. 1. Paris: Points, 1981, p. 21.

pela crucificação etc. Alguns germes de um antissemitismo teológico circulavam, porém, no geral, nada que escapasse ao jogo entre religiões vizinhas. As inúmeras comunidades dispersas, antes mesmo da destruição do Segundo Templo e para além dele, se fortaleceram e floresceram, como na Babilônia ou na África do norte. Como diziam com sabedoria os rabinos da época, para guiar a conduta comunitária no interior do Império que os hospedasse: "A lei do país é *a* lei".[15] O mais surpreendente, contudo, pelo menos aos olhos de uma perspectiva contemporânea, foi o acolhimento favorável dado pelos judeus ao surgimento do islamismo, e a recíproca tolerância dos califados, no geral, para com a erudição e hábitos judaicos: "O islã é uma religião de tolerância. Nada mais falso do que o ver, conforme os clichês tradicionais, quebrar toda resistência pelo ferro e pelo fogo".[16] Donde as relações frutíferas, pelas quais o judaísmo se abriu para a filosofia grega e as ciências por intermédio dos eruditos islâmicos.

É apenas muito mais tarde que a hostilidade, vinda sobretudo do cristianismo, ganha uma forma violenta, principalmente a partir das Cruzadas (1096), e suscita estratégias de sobrevivência as mais diversas.

O SÉCULO DO DIABO

Tomemos como exemplo da exacerbação da violência contra os judeus o século XIII germânico. Na cidadezinha de Rötingen, surgiu o rumor de que uma hóstia havia sido profanada pelos judeus. Um tal de Rindfleisch conclamou a população à vingança. Os judeus da cidade foram massacrados e queimados. Mas o bando responsável não ficou satisfeito: foi de cidade em cidade ateando fogo e saqueando os bairros judeus. Um cronista cristão afirma que cem mil judeus foram massacrados naquele episódio! Assim, um crime imputado a *um* judeu implicou na culpa de

---

15. Ibidem, p. 37.
16. Léon Poliakov, *Histoire de l'antisémitisme*, op. cit., p. 54.

todos os judeus. Léon Poliakov considera esse o primeiro caso de genocídio contra os judeus, o primeiro de uma série, dando início ao que se pode chamar de antissemitismo propriamente dito.[17]

Outro exemplo. Na França, uma espécie de cruzada, a dos Pastoureaux, sai de modo um pouco indefinido para lutar contra os Infiéis. No caminho cruza com os judeus, que se encaixam na categoria antes reservada sobretudo aos sarracenos. Então começa o massacre dos judeus de Auch, Gimont, Castelsarrasin, Rabastens, Gaillac, Albi, Toulouse, Verdun-sur-Garonne. Os desta última cidade se refugiam numa fortaleza, e do alto dela tentam se defender atirando pedras contra seus perseguidores. De nada adianta. Ao perceberem que estão condenados, os judeus preferem a morte voluntária. Escolhem o mais vigoroso entre eles para que os degole a todos – eram quinhentos. Sobraram algumas crianças com as quais ele desce para render-se aos inimigos e aceitar a conversão. Em vão. É morto e esquartejado. O bando atravessa ao todo 147 localidades, disseminando o terror.[18]

A cada rumor ou acusação, uma nova onda surgia. Por vezes, o rumor vinha depois do massacre, justificando-o, e outro massacre advinha para antecipar-se à vingança. Os príncipes variavam em suas decisões, ora liberavam o saque de mármore dos cemitérios judeus, como em Liegnitz e Breslau, ora estipulavam taxas arbitrárias, ora provocavam expulsões com toda sorte de alegações. O clímax veio com a peste negra, que ceifou um terço da população europeia. Os massacres e saques se multiplicaram, a responsabilidade recaindo sobre os assassinos de Cristo, prováveis envenenadores das fontes de água. Em Estrasburgo, encarceraram dois mil judeus e depois os queimaram no cemitério. Em Worms e Oppenheim, os próprios judeus incendiaram seus bairros. Em alguns casos, realizavam rituais de canto e dança à beira da morte para mostrar que, apesar de seu martírio, a fé estava intacta.

17. Ibidem, p. 284.
18. Ibidem, p. 287.

Mesmo depois que o número de judeus na Europa Central diminuiu brutalmente, em virtude dessas ondas incessantes, boa parte emigrando para a Europa do Leste, sua presença nas mentes da turba só fazia aumentar. A expulsão definitiva ocorreu mais tarde, por parte da França, Inglaterra e cidades germânicas, nos séculos XIII e XIV. Foi quando se cristalizou a imagem do judeu errante, que de fato vagabundeava de cidade em cidade em busca de alguma morada fixa. Ocorre que, em todos os lugares, eram cobradas taxas para entrarem na cidade, para saírem, para casar, comer, existir. O comércio de dinheiro que praticavam tinha também essa função elementar: era preciso pagar para simplesmente viver.

Com isso, a solidariedade comunitária ganhou um peso extraordinário, e os rabinos não hesitavam em exigir uma contribuição de todos quando, por exemplo, um deles virava refém de um bando cristão que exigia um resgate altíssimo. A vida das comunidades foi se voltando cada vez mais para dentro. Concretamente até, pois passaram a viver em guetos, trancados de noite, para evitar sua circulação pelas cidades. A cautela, a solidariedade, o confinamento, o distanciamento em relação ao cristianismo só foram crescendo. Logicamente, o sofrimento foi criando laços mais adensados, e o respeito às leis e mandamentos se tornou mais estrito para favorecer a clemência divina. O estudo era sagrado, pois o cumprimento desse mandamento bíblico também assegurava a proteção do Senhor. Essa era uma condição inflexível – o aprofundamento na palavra bíblica e em suas interpretações tornou-se a atividade mais importante – ao lado, claro, da usura, que garantia a sobrevivência. Aos olhos do rabinato, as atividades da usura e do estudo não eram em nada incompatíveis.

JUDEOFOBIA E LUTA DE CLASSES

Antes que a judeofobia religiosa se transformasse em antissemitismo racial, o que mudou fundamentalmente foi o lugar dos judeus na sociedade europeia. Como se sabe, proibidos de possuírem terras ao longo da Idade Média, exerceram atividades ambulantes de pequeno comércio. Com as Cruzadas, tudo mudou. O comércio ambulante se tornou cada vez mais arriscado, e, pouco a pouco, restritos ao confinamento, os judeus passaram a dedicar-se em boa parte a profissões como a de professor, mediador de transações entre senhores feudais, e atividades de usura. O comércio do dinheiro, tão condenado pela Igreja, gradualmente tornou-se uma atividade típica judaica. Mas, para tanto, os judeus precisavam da proteção dos senhores feudais. Com a transformação dos senhores em príncipes e reis, e com o surgimento das monarquias, consolidou-se o judeu da corte, que em troca de seus serviços e lealdade recebia proteção e certos privilégios.

Mais tarde, com o surgimento dos Estados-nação a partir da Revolução Francesa, e com a emancipação dos judeus europeus, uma nova configuração os colocou numa situação problemática.

> Somente poderia satisfazer as novas e maiores necessidades governamentais a fortuna combinada dos grupos judeus mais ricos da Europa Ocidental e Central, confiada por eles a banqueiros judeus que, por conseguinte, como banqueiros, precisavam de coletividades judaicas organizadas como fontes de captação de dinheiro, e as apoiavam nesse sentido.[19]

Ora, como fica o financista judeu na nova situação, dada sua antiga proximidade com os poderosos, uma vez destituída a aristocracia? Por um lado, é decretada a igualdade de direitos, por outro, subsistem as profundas desigualdades sociais. Intensifica-se, assim, o antagonismo entre Estado e sociedade. Uma das teses fortes de Hannah Arendt é de que os judeus de países como França, Alemanha, Áustria ou Inglaterra possuíam riquezas importantes, porém nunca detiveram o poder. Com a reviravolta política mencionada acima, subitamente se viram sem função: caíram numa espécie de vácuo social, alijados da produção, da política, sendo vistos como parasitas – alvos fáceis, portanto, da hostilidade popular. Arendt sustenta que a luta de classes, com

---

19. Léon Poliakov, *Histoire de l'antisémitisme*, op. cit, p. 35.

toda a exploração que se escancara, não suscita tanto ódio quanto a posse de riquezas sem uma inserção social e política, pois a inutilidade do grupo social em questão causa maior animosidade:

> Não é difícil compreender por que um homem que usa o seu dinheiro única e diretamente para gerar mais dinheiro pode ser odiado com mais intensidade que o que obtém seu lucro através de um longo e complicado processo de produção.[20]

Não podemos acompanhar aqui os meandros desenvolvidos pela autora sobre as ambiguidades da aristocracia em relação aos judeus, o proveito que os governantes ainda auferiam de seu apoio financeiro, a rivalidade que a burocracia estatal, em suas pretensões políticas, enxergava na posição dos judeus, o furor crescente que os escândalos financeiros – em parte envolvendo banqueiros judeus – provocavam na baixa classe média, ou ainda a veemência com que certa intelectualidade os ataca, neles enxergando aliados do Estado a ser combatido.

Num certo sentido, os judeus passam a fazer parte da luta de classes sem que pretendessem nela assumir posições políticas, e são automaticamente identificados com o Estado vilipendiado por tantos. Quem a ele se opõe, via de regra, assume a coloração antissemita.

> A ignorância política dos judeus, que os ajudava tão bem no cumprimento de seu papel na esfera de negócios do Estado e na manutenção de seus preconceitos contra o povo e em favor da autoridade, cegava-os diante dos perigos políticos do antissemitismo, embora lhes aguçasse a sensibilidade diante de toda forma de discriminação social.[21]

Quando os nobres se voltam contra o Estado, forçosamente os

---

20. Hannah Arendt, *Origens...*, op. cit., p. 63. Das cinquenta e duas casas bancárias na Alemanha em 1807, trinta pertenciam a judeus (Ibid., p. 218). Aqui, alguns dos maiores banqueiros europeus na época, da Prússia à Rússia: Rotschild, Mendelsohn, Bleichroeder, Warburg, Oppenheim, Bamberger, Gutman, Fuerstenberg, Goldschmidt, Sasson, Montefiore, Oppenheimer, Hirsch, Bischoffsheim, Arnstein, Kornfeld, Ullmann, Ptschek, Lemberg, Stieglitz, Guensburg, Zak, Wawelberg, Epstein, Kronenberg, Natanson, Mannheimer, Fraenkel.
21. Hannah Arendt, *Origens...*, op. cit., p. 85.

judeus são os primeiros visados – o elo mais fraco. Como o disse Engels, os protagonistas do movimento antissemita eram os nobres, e o coro era a ralé ululante da pequena burguesia.

O JUDEU BAJULADOR CONTRA O JUDEU MISERÁVEL

Convém assinalar a diferença entre os judeus desses Estados-nação e a massa dos judeus poloneses, russos ou romenos, em sua maioria miseráveis habitantes do *shtetl*, como era chamado em ídiche o vilarejo onde viviam os judeus na Europa Oriental: pequenos comerciantes, funcionários do sistema de educação próprio, e prestadores de serviços vários à comunidade. Seu destino incerto deixava indiferentes os judeus bem-sucedidos dos países ocidentais, ou neles despertava grande inquietação, dado o receio de que migrassem e comprometessem a imagem, a posição e os privilégios obtidos pela elite judaica "educada" nas metrópoles europeias. Tal desprezo era explícito, e a discrepância ressaltada, já que o maior perigo seria estender a emancipação a esse contingente indesejável. A própria emancipação, diga-se, já era problemática, pois o "judeu excepcional", aceito por seu talento ou atrativo especial, corria o risco de se dissolver na categoria genérica dos judeus, os quais, como grupo, sofriam de certa rejeição coletiva. Daí a tentação de "ser e não ser judeu". Ser judeu em casa, não ser judeu na rua. Ou na rua ser um judeu excepcional, já que nos salões esse tipo exercia certo fascínio, ao menos por um tempo.

Como lidar com tais dilemas? Trágica busca de conformismo, diz Arendt: ora valorizados por seus apologistas pela bondade, humanidade, sensibilidade à justiça, ora reconhecidos pelos detratores como típicos arrivistas, dada a "desumanidade, cobiça, insolência, servilismo bajulador e a determinação de vencer".[22] Pária ou arrivista, rebelde ou conformista – em todo caso, mergulhado na ambiguidade, que se torna um típico traço psicológico.

22. Hannah Arendt, *Origens...*, op. cit., p. 101.

Saltando agora para um plano mais macropolítico, Arendt sustenta que não foi o nacionalismo que catalisou o antissemitismo, mas justamente o enfraquecimento do Estado-nação e o advento dos imperialismos, cuja ambição transnacional, tendendo à eliminação dos inimigos, dispensava os serviços de um grupo transnacional que justamente servia a um sistema de equilíbrios. Doravante, não se visava mais a equilíbrio algum, mas à conquista absoluta. Segundo Arendt, o que caracterizou o extremismo antissemita não foi o culto ao Estado, como se pensa, porém seu desprezo, sua deslegitimação, a partir de uma perspectiva transnacional para a qual o nacionalismo representava uma estreita limitação. Apenas com fins manipulatórios exaltava-se ainda a nação, pois o que importava realmente era o mundo, isto é, sua conquista. Num certo sentido, o judeu representava o concorrente, o rival, portanto o inimigo a ser demonizado. E seu alheamento político foi responsável por sua cegueira para o que estava se desenhando.

Aliás, é curioso que só nesse momento, depois de 1870, é que o antissemitismo ganha uma designação própria, inteiramente distinta do "ódio ao judeu de origem religiosa, inspirado pela hostilidade recíproca de duas fés antagônicas". Como se viu, a filósofa enxerga mais razões políticas do que econômicas no surgimento do moderno antissemitismo, e não isenta os judeus de certo desinteresse em relação à reconfiguração das relações sociais. "Os judeus, sem conhecer o poder ou se interessar por ele, nunca pensaram em exercer senão suaves pressões para fins subalternos de autodefesa."[23] Tal estreiteza e alheamento não os favoreceu no turbilhão em curso. Em todo caso, não fica de pé, segundo ela, qualquer teoria do antissemitismo como mera política do bode expiatório – teoria aceita tanto por judeus como por seus detratores. Um regime político não escolhe um bode expiatório ao acaso, sem que tal escolha esteja enraizada num contexto específico, cujo desenho justamente cabe a uma análise cuidadosa dar a ver.

23. Ibidem, p. 44.

Mas como a imagem da manipulação mundial pode ter sido a tal ponto explorada?

> Vemos então os judeus sempre representados como *uma* organização de comércio internacional, *uma* firma familiar global com interesses idênticos em toda parte, *uma* força secreta por trás do trono... Assim, devido à sua relação íntima com as fontes de poder do Estado, os judeus eram invariavelmente identificados com o próprio poder e, devido ao seu desligamento da sociedade e à sua concentração no fechado círculo familiar, eram suspeitos de maquinarem – mancomunados com o poder, mas separados da sociedade – a destruição desta sociedade e de suas estruturas.[24]

O MONOTEÍSMO DO DINHEIRO

É outra, como se sabe, a leitura feita por Marx em *Sobre a questão judaica*. Ele se posiciona contra dois livros de Bruno Bauer, intitulados *A questão judaica* e *A aptidão dos judeus e dos cristãos de hoje a se tornarem livres*. Bauer é amigo de Marx, e, como ele, faz parte do círculo de jovens hegelianos. Juntos escreveram, anos antes, um manifesto em favor do ateísmo. Mas dessa vez, Marx se volta contra Bauer, que estipula ser a emancipação dos judeus incompatível com a preservação de sua religião. Marx não pensa o problema a partir do viés religioso, mas do modo de vida a que foram relegados os judeus – os negócios, o dinheiro, o interesse.

Poucos textos do autor produziram tantos mal-entendidos. As frases lapidares, de fato, não favorecem a compreensão de seu sentido analítico, e parecem diretamente extraídas de qualquer compêndio conspiratório. Trata-se, para Marx, antes de tudo, de romper com a formulação teológica da questão. Contra Bruno Bauer, Marx se vê na obrigação de observar não o *judeu sabático*, mas o *judeu cotidiano*. E o que este revela? Ou melhor, qual é o fundamento secular do judaísmo? "A necessidade *prática*, o interesse próprio."[25] Qual, portanto, seu culto secular? "O *negócio*. Qual é

---

24. Hanna Arendt, *Origens...*, op. cit., p. 48.
25. Karl Marx, *Sobre a questão judaica*. trad. bras. Daniel Bensaïd, Wanda Caldeira Brant. São Paulo: Boitempo, 2003, p. 56.

o seu deus secular? O *dinheiro*."[26] Marx não julga, mas revela o lugar social que ocupa o judeu e a atividade majoritária que exerce nos países ocidentais. O judeu poderia emancipar-se dessa função prática e estaria imediatamente colaborando para a *"emancipação humana pura e simples* e se voltando contra a *suprema* expressão *prática* de autoalienação humana".[27] Se o judeu é considerado, antes de tudo, a partir de seu lugar social *real*, e não de sua *ideia* sobre sua atividade, ele também é pensado a partir de uma *emancipação* desta função que o encarcera – o negócio – e desse centro em torno do qual ele orbita – o dinheiro. Mais: sua emancipação é referida à emancipação da humanidade, que o livraria de sua alienação de fato. Emancipar-se desse *judaísmo prático*, dessa prática *do interesse, do negócio e do dinheiro*, eis o horizonte a partir do qual o judeu poderia liberar-se do fardo que lhe coube carregar.

Essa é a leitura de Enzo Traverso, entre outros: de que a posição de Marx tinha por horizonte a emancipação humana universal, que fosse além das fronteiras do próprio judaísmo.[28] Pois, como o formulou Marx, o que o judeu encarna não é um problema teológico. Na sua atividade, ele expressa e sustenta precisamente a essência da sociedade burguesa, o monoteísmo do dinheiro, que aplasta todos os outros deuses "e os transforma em mercadoria".[29] O dinheiro, valor universal de todas as coisas, "despojou o mundo inteiro, tanto o mundo humano quanto a natureza, de seu valor singular e próprio".[30] Em resumo: "O Deus dos judeus se secularizou e se tornou o Deus do mundo".[31] É compreensível que tais frases tenham despertado indignação e reprovação. Contudo, elas apenas situam a prática dos judeus concretos na relação com aquilo que se tornou a religião da sociedade burguesa, e a substituição dos laços de gênero pela necessidade egocêntrica, num mundo

26. Ibidem.
27. Karl Marx, *Sobre a questão judaica*, op. cit., p. 56.
28. Enzo Traverso, *The end of the Jewish Modernity*, trad. it. David Fernbach. Londres: Pluto Press, 2016.
29. Karl Marx, *Sobre a questão judaica*, op. cit., p. 58.
30. Ibid.
31. Ibid.

de "indivíduos atomizados, que se hostilizam mutuamente".[32] A essência do judeu, por conseguinte, não está no Talmud, mas na sociedade burguesa. No fundo, a emancipação social do judeu é vinculada por Marx à emancipação da sociedade em relação ao "judaísmo" desta sociedade, o monoteísmo do dinheiro.

A emancipação tal como Bruno Bauer a preconiza, portanto, soa a Marx insuficiente. Ela seria uma emancipação política, sim, porém deixaria os judeus aprisionados na essência da sociedade burguesa que eles, na sua função, são levados a sustentar. Aceitar o Estado cristão renunciando à religião judaica a fim de obter direitos civis, como o sugere Bauer, significa continuar cativo da alienação humana – e é esta que deve ser questionada.

> Os Direitos Humanos Universais reconhecem o indivíduo burguês... Eles não libertam o homem da religião, eles lhe dão liberdade religiosa; eles não o libertam da propriedade, eles lhe dão a liberdade de possuir; não o libertam do vergonhoso exercício do comércio, dão-lhe a liberdade de empreender.[33]

O que Marx está discutindo é o idealismo da posição de Bruno Bauer, esclarece Daniel Bensaïd.[34] Ao refletir sobre a aptidão dos judeus de se integrarem à Europa Ocidental, que é o problema de Bauer, Marx não lhes imputa qualquer responsabilidade pela dificuldade em serem aceitos, nem pensa, como Bauer, que é a ideia de serem um povo eleito que os atrapalha. Adota uma perspectiva muito mais ampla. É a maneira como está organizada a sociedade, do ponto de vista econômico, jurídico e social, que coloca os judeus da Alemanha nesta situação, em que lhes cabe a função quase exclusiva da usura, do comércio, da finança, que evidentemente suscita a indisposição dos cristãos. E de nada adiantaria um ato filosófico-teológico de "conversão" para o cristianismo ou o ateísmo – mas sim uma ação social. O alívio, porém,

---

32. Ibid., p. 59.
33. Karl Marx, *Sobre a questão judaica*, op. cit., p. 24.
34. Daniel Bensaïd, "Dans et par l'histoire. Retours sur la Question juive". In: Karl Marx, *Sur la question juive*. Paris: La fabrique, 2006.

apenas poderá advir quando a própria sociedade se livrar não dos judeus, mas do sistema que os reduz à sua função, sistema este que Marx designou por "judaísmo". Não há preconceito algum contra o aspecto religioso, étnico ou racial dos judeus, porém um foco no *judaísmo prático* e na sua dimensão geral.

Sabemos que esse texto de Marx foi escrito num período de transição entre seu humanismo antropológico e a perspectiva da luta de classes e da revolução. Ainda assim, é de se perguntar se, apesar de seu estatuto de passagem, ele não nos permite formular algumas indagações ainda atuais.

Explicitemos um dos componentes de nossa hipótese central. Os judeus estão presos numa tríplice armadilha: sua necessidade do antissemitismo, sua dependência em relação ao Estado de Israel e, por fim, sua identificação com as aspirações da sociedade burguesa. É este terceiro ponto que Marx ainda nos ajuda a pensar, caso consigamos nos desfazer de uma interdição que marcou o pós-guerra, já que o tema da associação dos judeus com o dinheiro pareceria nos fazer recuar para o moto antissemita que desembocou em Hitler.

Em que medida, perguntamos, circunstâncias históricas que, como vimos, relegaram os judeus às funções ligadas ao comércio e às finanças, passados quase dois séculos, não os mantêm ainda, por assim dizer, do lado errado da história? Essa inserção não os terá a tal ponto colado ao destino do capitalismo, tanto na diáspora quanto em Israel, que qualquer desvio para fora da polaridade maniqueísta que hoje divide o globo ganha a pecha de antissemita ou antissionista? Como se o alinhamento israelense aos Estados Unidos, ao Ocidente, ao norte global, seja lá como se queira chamar o bloco ligado à OTAN e ao capitalismo dos países ditos liberais ou supostamente democráticos, arrastasse consigo o conjunto das comunidades judaicas, já por si em parte conservadoras, em direção a posições ainda mais conservadoras, bloqueando outras opções.

FASCISMOS LATINOS

Para ficarmos em exemplos caseiros. Um candidato à presidência do Brasil, de centro-esquerda, se vê tachado de antissemita por defender uma melhor distribuição de renda, programas sociais e uma cuidadosa equidistância em determinadas disputas geopolíticas. Ora, quem o acusa de antissemitismo? Uma aliança entre a extrema direita brasileira e internacional, o *lobby* israelense e judaico, parte do empresariado e do setor financeiro, com acentuada participação de judeus, e certa mídia. Um articulista acusa o PT de antissemitismo, pois Lula apoia a iniciativa da África do Sul contra Israel no Tribunal Penal Internacional em Haia. Um padre católico que dedica toda sua vida à defesa dos moradores de rua de São Paulo é acusado de relações obscuras com as ONGs que o apoiam. Quem o ameaça de abrir uma CPI contra ele? Um grupo de empresários, entre eles um milionário judeu.

Vamos à nossa vizinha Argentina. Boa parte dos judeus argentinos apoiou a candidatura à presidência do anarcocapitalista, filojudeu e fanaticamente pró-israelense Milei. Em um comício num estádio de futebol repleto, foram projetadas em telões gigantes imagens dos bombardeios de Gaza, uma explosão atômica, num clima bélico e apocalíptico, totalmente identificado com Israel. Com razão, alguém perguntou se o eventual fracasso de seu governo não suscitaria uma onda antissemita no país.

A pusilanimidade de parte das comunidades judaicas no mundo, com respeito às posições socialmente mais retrógradas em seus respectivos países, constitui uma bomba-relógio, inclusive porque aumenta o risco de ressurgimento de um antissemitismo político, por vezes de esquerda, que pensávamos soterrado.

Totalmente distinto era o contexto há cinquenta anos. Quantos intelectuais, artistas, professores, profissionais liberais, ativistas de origem judaica se engajaram nas lutas mais progressistas mundo afora, seja durante a ditadura brasileira ou argentina, mas também no movimento feminista ou contra a Guerra do Vietnã nos Estados Unidos, ou no Maio de 68 francês... De lá para cá, com o conservadorismo ganhando o planeta, com a direita dominando o espectro político israelense, com os fascismos pipocando pelo mundo, entre eles na Hungria, na Rússia, sem falar da Itália, o bolsonarismo no Brasil, o trumpismo redivivo, pode-se dizer que arrefeceu em muito o ímpeto do engajamento social e político dos judeus. Nada diferente do mundo, a bem dizer, com as pautas mais regressivas aliadas ao neoliberalismo ascendente. Porém, são razões suficientes para suscitar certa inquietação sobre o rumo político que tomam certas comunidades judaicas diaspóricas, e, consequentemente, os riscos de novas ondas de animosidade contra os judeus no mundo, de teor mais político e social do que religioso ou racial.

Não seria isso tudo suficiente para um historiador israelense dar o passo mais radical e inimaginável para um estudioso da história do judaísmo, o de renunciar à sua condição judaica? *Como parei de ser judeu*, escreve Shlomo Sand.

> O número de intelectuais animados por uma consciência universal, filhos ou filhas de judeus imigrados, prontos a se colocar sempre ao lado dos perseguidos, regrediu singularmente, enquanto uma ampla fração entre eles se declara cada vez mais conservadora. Alguns se aproximaram das tradições religiosas judaicas, ao passo que outros, mais numerosos, se revelam defensores entusiastas de todas as ações políticas de Israel.[35]

E quanto à deriva fascista em Israel, ele acrescenta:

> Quando uma tradição de ética intracomunitária se une a um poder religioso nacional ou ao poder de um partido, ela sempre engendra terríveis injustiças contra aqueles que não fazem parte da comunidade.[36]

É o comunitarismo particularista, o etnocentrismo essencialista, o identitarismo tribal cujo traço pode ser lido em parte da história do judaísmo, e que ganha concretude no atual contexto político, com os perigos que acarreta.[37]

Hão de objetar, com razão, que isso é só um lado da moeda. O outro viés, inspirado na tradição do messianismo judaico,

35. Shlomo Sand, *Comment j'ai cessé d'être juif*. Paris: Flammarion, 2015, p. 107.
36. Ibid., p. 108.
37. Eduardo Viveiros de Castro escreve: "o etnocentrismo é, como o bom senso – do qual seja talvez apenas a expressão aperceptiva –, a coisa do mundo mais bem compartilhada". Mas o etnocentrismo dos europeus, conforme sua análise apoiada em Lévi-Strauss, é o contrário daquele dos indígenas. Ver capítulo sobre o perspectivismo em *Metafísicas canibais – elementos para uma antropologia pós-estrutural* (São Paulo: Ubu, n-1 edições, 2015, p. 33).

presente em Kafka, Benjamin, Gershom Scholem, Agamben, e que marcou profundamente parte do pensamento político contemporâneo, como se verá no capítulo III, não ganhou a devida expressão na descrição de Sand – talvez por ser ele historiador, e não filósofo, ou então israelense, e não diaspórico. Ainda assim, ele enxergou uma ponta dessa vertente:

> A opressão exercida por civilizações religiosas dominantes contra uma minoria religiosa preparou o terreno para que, com o advento do Iluminismo, uma parte dos oprimidos, em vias de laicização, mostre sua solidariedade para com todos os que sofrem. Ademais, com a persistência da judeofobia moderna de vê-los como judeus, contra sua vontade, confortou sua aspiração a uma moral universal: para nos liberarmos, é preciso liberar todo mundo; para obter nossa verdadeira liberdade, todos os homens, por princípio, devem ser livres. Um resto da tradição de esperança messiânica, fundamento da fé judaica ancestral, pôde continuar a ressoar em alguns, embora seja difícil confirmá-lo. A sensibilidade judaica estava impregnada de um desejo ardente de salvação religiosa. No rastro das perseguições, e com o processo de laicização, ela aspirava vivamente à revolução; o advento de um mundo mais justo sendo sinônimo do fim da história, dos sofrimentos e da opressão.[38]

O HOLOCAUSTO: DE RELIGIÃO À MANIPULAÇÃO POLÍTICA

Desde a Segunda Guerra, o mundo deu muitas voltas. Os carrascos de ontem são hoje os mais veementes defensores não só da existência de Israel, mas também de suas políticas. O historiador australiano Dirk Moses assim resume o que ele chama de "catequismo alemão" – cinco preceitos básicos a que deve obedecer todo e qualquer debate na Alemanha sobre o Holocausto, Israel, judeus etc.[39]

1. O Holocausto é único, pois foi o único extermínio ilimitado visando ao próprio extermínio, diferente, pois,

---

38. Shlomo Sand, Comment j'ai cessé d'être juif, op. cit., p. 106.
39. Ver "The Catechism Debate", no site The New Fascism Syllabus, no qual se baseiam as próximas páginas. Disponível online.

de outros genocídios com intenções pragmáticas ou limitadas. É a primeira vez na história que um Estado se organizou para destruir um povo em bases ideológicas.

2. Foi uma ruptura civilizacional do fundamento moral da nação.

3. A Alemanha tem uma responsabilidade especial para com os judeus na Alemanha, e uma lealdade especial para com Israel: a segurança de Israel é parte da razão de Estado da Alemanha.

4. O antissemitismo é um preconceito singular, que não deve ser confundido com racismo.

5. O antissionismo equivale ao antissemitismo.

Esses preceitos foram elaborados em 2000, e substituíram um conjunto anterior, segundo o qual o Holocausto teria sido um acidente histórico, provocado por uma minoria de fanáticos – o que assegurava uma reconciliação da nação alemã consigo mesma. O novo catecismo estabeleceu uma perspectiva distinta, que passou a servir de parâmetro, curiosamente, para os debates sobre a memória do Holocausto tanto em Israel como nos Estados Unidos.

Ao insistir na singularidade absoluta do Holocausto, e na sua exclusividade germânica, ele é retirado do contexto histórico colonial ao qual pertence, segundo alguns, e da história dos imperialismos com a qual se mistura. Tal excepcionalidade bloqueia a reflexão sobre outros genocídios passados ou em curso, justamente num momento em que os estudos pós-coloniais tratam de reinserir o nazismo numa história mais ampla de conquistas, impérios e genocídios. Como diz a conclusão de Dirk Moses, num texto que provocou um vivo debate entre os especialistas: o catecismo teve a função importante na desnazificação do país. É bom que exista um memorial do Holocausto em Berlim. Mas o país mudou, e é preciso renegociar as demandas de justiça histórica que respeite *todas* as vítimas do Estado alemão, não apenas os judeus.

Como o comenta Udi Greenberg, em sua análise do artigo de Moses: o foco intenso da Alemanha na memória do Holocausto pode confortar alguns, mas o faz às custas de outros, especialmente os povos da África e do Oriente Médio, que nunca tiveram direito a qualquer reconhecimento do sofrimento coletivo causado pelos alemães. Afinal, foi numa conferência em Berlim, em 1884-85, que as potências europeias, sob a coordenação da Alemanha, decidiram expandir brutalmente sua presença no continente africano. E só recentemente os povos nativos da Namíbia – Herero e Nama – foram reconhecidos como vítimas do genocídio ocorrido no começo do século xx, em 1904, perpetrado pelos colonizadores alemães.

O foco no genocídio dos judeus foi muito importante num certo momento do pós-guerra alemão, dizem vários autores nesta coletânea em torno do texto de Dirk Moses, mas hoje ele tem o efeito de bloquear o debate em torno de outros povos e etnias que sofreram ou ainda sofrem diversos graus de brutalidade. O alinhamento automático da Alemanha com Israel, por exemplo, ignora as políticas repressivas do Estado judeu em relação aos palestinos. Assim como a criminalização do bds (Boycott, Divestment, Sanctions), declarada pelo Bundestag há alguns anos, passou por cima de várias vozes, inclusive de instituições judaicas progressistas, silenciando a solidariedade para com os palestinos.

Já não se sabe se tais decisões do parlamento ou do governo alemão têm ainda a ver com o Holocausto, ou adviriam de escolhas políticas (ocidentais, europeias) que camuflam novos racismos. Em todo caso, como o sublinham vários dos autores, tal concentração no Holocausto tem o efeito de ofuscar as lutas antirracistas do presente.

É preciso retomar um caso emblemático. Em 2020, a direção de um grande festival de arte em Ruhr, na Alemanha, convidou Achille Mbembe a pronunciar uma conferência inaugural. Conhecido por seu apoio ao bds, sem falar nas similaridades entre a política israelense nos territórios ocupados e o *apartheid* sul-africano assinaladas em seu livro *Necropolítica*,[40] parte da classe

---

40. Achille Mbembe, *Necropolítica*, trad. bras. Renata Santini. São Paulo: n-1 edicões, 2021.

política alemã viu naquele apoio expressão de antissemitismo e exigiu o imediato cancelamento do convite, o que desencadeou uma onda de protestos por parte dos organizadores, da esquerda universitária e cultural, alemã e internacional. O autor, por sua vez, com razão, prometeu nunca mais pisar em solo alemão. Mais recentemente, o antropólogo de origem libanesa Ghassan Hage, que trabalhou sobre o etnonacionalismo, imigração e raça na Austrália, onde reside, foi subitamente desligado do Instituto Max Planck acusado de antissemitismo, dada sua avaliação da guerra de Gaza. Assim ele reagiu ao atentado à liberdade de expressão:

> Eu tenho o ideal político de uma sociedade multirreligiosa composta por cristãos, muçulmanos e judeus vivendo juntos naquela terra... Critiquei tanto Israel quanto os palestinos que trabalham contra um tal objetivo. Se Israel enfrentou e continua enfrentando uma crítica maior, isso se deve ao fato de que seu projeto colonial etnonacionalista é de longe o maior obstáculo para se alcançar essa meta.[41]

Susan Neiman cunhou a expressão mais exata para descrever a perseguição institucionalizada às manifestações contra a política israelense, em território alemão: macartismo filossemita. O lema *Never again*, então propalado pelo governo alemão – mas há tempos também pelos judeus – não parece ter um caráter universal; ele é reservado única e exclusivamente ao Holocausto.

COMPARATISMO

O que está em questão é o direito de comparar. Em *Políticas da inimizade*, Mbembe escreve:

> O sistema do *apartheid* na África do Sul, e no modo paroxístico e num contexto distinto, a destruição dos judeus da Europa, constituem duas manifestações emblemáticas de um fantasma de separação.[42]

---

41. Ver "Statement Regarding my sacking from the Max Planck Institute of Social Anthropology", no site *Hage Ba'a*. Disponível *online*.
42. Achille Mbembe, *Políticas da inimizade*, trad. bras. Sebastião Nascimento. São Paulo: n-1 edições, 2020.

Mbembe quer dizer que, ao *isolar* um povo ou comunidade, há linhas de continuidade entre a Shoá e políticas europeias ocorridas *fora* da Europa. A observação importa, pois na querela dos historiadores trinta anos antes, Ernst Nolte havia lançado a hipótese de que a Shoá não foi, como se pretende, uma ruptura civilizacional absoluta, visto que, já nos anos 1920, quase tudo que os nazistas tinham feito constava de uma vasta literatura – afora a invenção da gasificação. Ainda segundo Nolte, os nacional-socialistas tinham realizado um "ato asiático", pois eles se consideravam vítimas de "hordas asiáticas bárbaras" na Primeira Guerra Mundial. Temendo ser invadidos e aniquilados de maneira bestial pelos soviéticos, teriam aplicado aos judeus o que eles mesmos temiam.

Pode-se imaginar a violência do debate que se seguiu, capitaneado por Habermas, que via nessa posição uma tentativa de relativizar o crime alemão contra os judeus e permitir a reconciliação da nação com sua história.

Voltando a Mbembe: a Alemanha, parte da Europa, no seu projeto colonial, nutriu o delírio da separação. Embora curta, sua presença na África foi particularmente cruel. Que a Alemanha tenha transposto essa prática para dentro de seu território em relação aos judeus não muda substancialmente a equação. Mais radicalmente, Mbembe escreveu que a diferença entre o *apartheid* e o extermínio é uma questão de intensidade.

Pelo direito de comparar, repete Michael Rothberg em *Multidirectional memory*, resumindo o teor do debate. E o fundo dele parece ser a solidariedade incondicional da Alemanha às políticas de Israel, que Rothberg assim define:

> Os alemães fariam bem, sobretudo diante do fato de que as consequências do genocídio nazista estão inextricavelmente ligadas à ocupação da Palestina, em questionar sua parte nessa injustiça incessante.[43]

---

43. Michael Rothberg, *Multidirectional memory. Remembering the Holocaust in the age of decolonization*. Stanford: Stanford University Press, 2009.

Poderíamos dizer de outro modo: por terem cometido a Shoá, e assim provocado a criação do Estado de Israel, os alemães carregam uma parte de responsabilidade pelos crimes desse Estado.

Muita tinta foi gasta nesse debate. Felizmente, com a renovação da querela dos historiadores, há uma tendência em ampliar o foco, removendo os interditos que pautaram sua discussão na Alemanha Federal. O ganho, com isso, é abrir-se para os problemas do presente e seus atores, sem jamais esquecer ou encobrir os cruzamentos com o Holocausto. Trata-se, como o observou Paula Villa Braslavsky, de contornar a intensidade, a ferocidade e o fundamentalismo redutor do debate alemão, que acabou, segundo outros, transformando o Holocausto numa nova religião.

É algo disso que irrita Norman Finkelstein no contexto dos Estados Unidos, onde ele detecta uma indústria do Holocausto.[44] A sacralização tornou o Holocausto um lugar de culto e mistério. Elie Wiesel seria o sacerdote-mor dessa nova religião.[45] Qualquer comparação do Holocausto com outro genocídio representa, para ele, uma traição à história judaica, e mesmo Shimon Peres foi repreendido por Wiesel quando se referiu a dois holocaustos, Auschwitz e Hiroshima – *não*, responde Wiesel, só existiu um Holocausto.

O Holocausto, tal como celebrado hoje, é um sistema e uma religião. Tudo começa pelo postulado de que há um ódio eterno dos gentios contra os judeus. Este ódio é irracional e irremovível. O Holocausto é um evento único. Ele é absolutamente único também porque quem o sofreu é um povo único. Deve-se preservar o monopólio judeu sobre o Holocausto, apesar de tantas outras minorias terem morrido nos campos – comunistas, ciganos, homossexuais, loucos etc. Defender a singularidade do Holocausto é defender a singularidade do povo que o sofreu e vice-versa. Como diz o autor:

---

44. Norman Finkelstein, *L'industrie de l'Holocauste: réflexions sur l'exploitation de la souffrance des Juifs*, trad. fr. Éric Hazan. Paris: La fabrique, 2019.

45. Norman Finkelstein, *L'industrie de l'Holocauste*, op. cit., p. 47.

O que faz a singularidade do Holocausto não é o sofrimento dos judeus, é o fato de que *judeus* tenham sofrido. Dito de outro modo: o Holocausto é único porque os judeus são únicos.[46]

Ou como o comenta Elie Wiesel: "Tudo em nós é diferente". Os judeus são "ontologicamente" excepcionais.[47] Obviamente, isso lhes dá o direito de se considerarem ameaçados sempre, e sempre justificados em todos os esforços para se defender e sobreviver.

Ora, Finkelstein diferencia o Holocausto (a indústria) do holocausto (o genocídio concreto). O Holocausto é uma fabricação ideológica, e cabe perguntar por que ele persiste se suas teses são a tal ponto inconsistentes. A resposta é que não só ele oferece aos judeus um estatuto à parte, mas também lhes dá um poder sobre os demais. E para Israel isto representa um álibi precioso. Um poder de pressão moral e emocional, de chantagem política. Não é diferente do que aconteceu durante a ascensão social dos imigrantes judeus nos Estados Unidos, ao enfrentarem adversários no campo social: qualquer conflito, fosse ele social, econômico, jurídico ou político, era atribuído ao antissemitismo dos outros. Ele serve de explicação universal. Em suma, ao invocar o Holocausto, deslegitima-se toda crítica dirigida aos judeus, que só pode ter por motivo um ódio patológico.[48]

Conhecemos a verve polêmica do autor, e seu estilo provocativo, o que em nada invalida sua percepção do uso que judeus, instituições judaicas, *lobbys* israelenses ou o Estado judeu fazem do Holocausto, envolvendo-o numa aura sagrada, porém espetaculosa, que esconde, no fundo, mecanismos de manipulação.

O manejo político do Holocausto pelos governantes israelenses é um capítulo à parte. Várias são as camadas dessa manipulação. A uniformização da narrativa significa um controle da memória coletiva, que serve para fins de chantagem geopolítica e de doutrinação interna. Ao explorar a culpa europeia, por

---

46. Ibid., p. 50.

47. Elie Wiesel, *Against silence*. Nova York: Holocaust Library, 1984, vol. I, p. 153 apud Finkelstein. *L'industrie de l'Holocauste*, op. cit.

48. Norman Finkelstein, *L'industrie de l'Holocauste*, op. cit., p. 41.

exemplo, se obteve um consenso em torno das operações em Gaza. O argumento é que o ataque do Hamas foi uma espécie de prolongamento do Holocausto – não por acaso, comentaristas da mídia e da política israelense usam a palavra Shoá para referir-se a ele. No plano interno, a imprensa israelense está tão atravessada pelo vocabulário referente à época, que o espectador só pode se curvar à legitimidade de todas as operações militares.

Não se pode negar que o trauma coletivo do Holocausto marca profundamente o psiquismo israelense. Mas capitalizar tal tragédia para justificar a ocupação dos territórios, a colonização maciça, o *apartheid*, as incursões sistemáticas, como se tudo servisse para "evitar que se repita", é ofender a memória dos mortos, sobretudo porque ressignifica a passividade das vítimas de então por um ativismo belicista crescente, principalmente a partir da Guerra dos Seis Dias, como se verá de maneira precisa no capítulo IV, sobre a história do sionismo.

Aliás, já em 1948, os imigrantes recém-chegados de qualquer país europeu, sobreviventes do Holocausto, a quem se entregava um fuzil e se enviava imediatamente para a linha de frente, muitas vezes viam nos inimigos palestinos ou árabes mera reencarnação dos nazistas – pode-se supor que tal associação elevava o ânimo dos combatentes, mas produziu, por meio de uma distorção histórica, uma falsa continuidade que até hoje dificulta a relação com os palestinos. Os terroristas do Hamas são chamados de nazistas, mas também os civis de Gaza são vistos como nazistas potenciais.

Como se sabe, finda a Segunda Guerra Mundial, o esforço de reconstrução da Alemanha e vários outros fatores impuseram duas décadas de um silêncio quase absoluto a respeito do Holocausto. A partir dos anos 1970 e sobretudo 1980, e desde então em velocidade exponencial, a literatura em torno da memória do Holocausto se agigantou. Toda universidade tem seu departamento em torno do assunto, novas disciplinas foram criadas, colóquios proliferam por toda parte, uma hipertrofia de interpretações em disputa anima o debate. Não nos cabe julgar a qualidade variável dessa produção, mas insistir num único ponto, que vai ficando cada vez mais claro: a memória do Holocausto não pode ser exclusividade de ninguém – nenhuma instância tem o direito de reivindicar representá-la exclusivamente. Em hipótese alguma deveria ela ser tutelada por um Estado. Vimos no que resulta quando isso acontece, como no caso polonês: o governo anterior criminalizou qualquer menção à participação polonesa na eliminação da população judaica durante o período da ocupação nazista. Há, certamente, uma política da memória, e cada vez que um governo, fascista, ou apenas de direita, toma o poder – também no socialismo real isso era preponderante – a tentativa primeira é de ressignificação do passado por meio de uma maquiagem narrativa. Foi o caso com o bolsonarismo e a renomeação do golpe de 1964 como "movimento", até mesmo por um juiz do Supremo Tribunal Federal. Mas também é o caso da eliminação sistemática dos vestígios da presença palestina nos territórios conquistados por Israel durante a guerra de 1948. Quando um partido político se apropria da memória coletiva, é grave. Quando uma etnia o faz, é ainda mais perigoso. Quando as duas coisas ocorrem como política de Estado, é o silenciamento definitivo das vítimas, ou dos vencidos da história.

A isso tudo se agrega um problema. Qualquer crítica ou oposição externa à política do governo israelense tem sido qualificada por ele como antissemitismo, e qualquer crítica ou oposição interna é vista como antissionista. A equação predominante e de fundo é esta: *crítica = antissionismo = antissemitismo*. Mas é óbvio que nem toda crítica interna ou externa é antissionista, nem todo antissemitismo é antissionista (há uma extrema direita francesa ligeiramente antissemita e pró-israelense, o mesmo acontecendo no Partido Republicano na era Trump), e nem todo antissionismo é antissemitismo. Por exemplo, com o esvaziamento do projeto sionista, dado que seu objetivo maior – oferecer um *lar nacional* aos judeus do mundo – se cumpriu, parte dos israelenses ou se considera pós-sionista ou, de modo minoritário, antissionista, sem por isso ser nem remotamente antissemita.

Hoje, porém, o maior perigo é que a oposição externa à política de Israel de fato ganhe coloração antissemita, numa estranha cumplicidade entre Israel e seus opositores ou inimigos, tal como por tanto tempo aconteceu entre o judeu e o antissemita: eles se retroalimentam. Israel precisa de seus inimigos, e o fantasma de um complô antissemita mundial (invertemos aqui o postulado dos Sábios de Sião) só favorece o projeto da extrema direita israelense, de justificar e ampliar seus planos para uma Grande Israel, do Jordão até o mar.

O DUPLO AMÁLGAMA

É inegável: o destino dos judeus está indissoluvelmente ligado ao presente do projeto sionista e ao passado do antissemitismo. Ousamos arriscar a hipótese de que, enquanto esse duplo amálgama – com Auschwitz de um lado, e com Israel de outro – não for ao menos problematizado, para não dizer desfeito, não há chance alguma de que se abra, para as comunidades judaicas, uma terceira via ou quarta ou quinta. Em termos mais simples, atualmente a alternativa parece ser o lugar da vítima ou do agressor. Em certas situações, os dois lugares se confundem. É um fato: com unhas e dentes, os judeus se agarram ao papel de vítima e o alardeiam aos quatro cantos. Ao mesmo tempo, o Estado com o qual se identificam ou ao qual tanto delegam exerce sua força bruta, justificando-a pela propalada injustiça padecida, no passado ou no presente, valendo-se desta para encobrir aquela. É o que se vê quando a Corte Penal Internacional de Haia é acionada pela África do Sul contra Israel, acusado de genocídio. A reação da mídia israelense foi de perplexidade total: como as vítimas (de um ataque terrorista qualificado por elas de genocida) estão no banco dos réus sob acusação de genocídio contra os palestinos de Gaza, sob uma legislação criada para contemplar precisamente os crimes contra a humanidade que outrora vitimaram justamente os judeus?

Ao conjugar internamente a autovitimização e a hostilidade para com a alteridade palestina continuarão patinando na perversão ética. Pior: o próprio Estado de Israel, concebido como refúgio e solução para a questão judaica, intensificará tais traços que pretende resolver, tornando-se pária da comunidade internacional, enxergando antissemitismo por toda parte, redobrando sua violência na suposta autoproteção, e suscitando crescente hostilidade contra si, em parte proveniente do campo progressista. As críticas à sua política sendo interpretadas como antissemitismo, a máquina paranoica tende a girar com força ainda maior.

O FIM DA MODERNIDADE JUDAICA

Em entrevista recente, o historiador Enzo Traverso nota que Israel, ao transformar-se num Estado étnico e religioso, com seu expansionismo militar e política segregacionista e expulsiva em relação aos palestinos, se coloca, enquanto Estado judeu, paradoxalmente, nas antípodas da modernidade judaica.[49] A modernidade judaica consiste na inscrição dos judeus no mundo moderno como uma minoria diaspórica e extraterritorial, que historicamente encarnou um pensamento crítico exatamente porque não podia ser incluída na categoria predominante de um Estado-nação. Essa tradição crítica ainda existe, claro, mas a reversão que ocorreu desde a fundação do Estado de Israel permite detectar o fim da modernidade judaica.

Por modernidade o autor entende o período que vai de 1750 a 1950, da emancipação dos judeus europeus, no rastro do Iluminismo, até o extermínio dos judeus europeus, durante o nazismo.[50] Daí em diante, o eixo do judaísmo se deslocou para os Estados Unidos e para Israel. A "questão judaica", segundo ele, perdeu o sentido com a fundação do Estado de Israel, mas engendrou a "questão palestina". O *povo do livro* se transformou numa entidade étnica e confessional. Do judeu pária ao Estado pária. A anomalia judaica migra para a figura estatal. O Estado que se destinava a tirar os judeus de uma anormalidade histórica se tornou por si só uma anormalidade. Enquanto a Alemanha se livra de seu passado

---

49. Ver comentário de Enzo Traverso em entrevista à *Verso*, no Twitter. Disponível *online*.

50. Enzo Traverso, *The end of Jewish Modernity*, trad. ing. David Fernbach. Londres: Pluto, 2015, p. 7.

chauvinista, Israel regenera os judeus através de seu nacionalismo. Como diz o autor, o final do século xx parece marcar o fim do ciclo histórico – a longa história do antissemitismo. Ao deixarem de ser párias, deixaram para trás, majoritariamente, a perspectiva crítica que costuma ser o apanágio de *outsiders* – aquilo que Günther Anders chama de "tradição de antitradicionalismo". A marginalidade em que se encontravam os judeus favorecia que eles pensassem contra o Estado, o consenso, a ortodoxia e a dominação. Ninguém pode lamentar que o antissemitismo já não seja predominante na determinação da história judaica, mas o fato é que os judeus, uma vez aceitos e incorporados como cidadãos, deixaram de nadar contra a corrente. Claro que o passado europeu continua assombrando o continente, porém mais ao modo, como diz Traverso, de uma religião cívica – sendo Auschwitz o parâmetro negativo segundo o qual se pode avaliar qualquer regime.

A população judaica, antes sujeita a grande mobilidade, circulação, aculturação – o judeu errante –, ao mesmo tempo em que era objeto de repulsa, por ser uma espécie de vagabundo entre as nações, carregava em compensação, graças a esse mesmo nomadismo, uma dimensão fortemente cosmopolita. Aliás, essa era uma das principais acusações de Hitler. O judeu encarnava a mobilidade do dinheiro e da finança, o universalismo abstrato, o internacionalismo desenraizado.

Tudo isso mudou com o declínio do antissemitismo. A partir da Guerra dos Seis Dias, e principalmente nas últimas duas décadas, com a ascensão do fundamentalismo religioso judaico, um filossemitismo de direita como que resgatou a imagem dos judeus numa chave inteiramente outra – conservadora. E com ele fortaleceu-se um neoconservadorismo judaico. A predominância esquerdista em certas comunidades judaicas cedeu o passo para uma direção contrária. Assim, ocorreu certa ruptura entre muitos judeus e a esquerda, dentro e fora das comunidades judaicas, e isto em vários países. Os perturbadores da ordem de antigamente tornaram-se seus defensores. Certas parcelas das comunidades judaicas, em sua aliança incondicional com Israel, se aliaram à extrema direita pró-israelense. Ou seja, certo judaísmo se reconciliou com o fascismo. O culto da força se aliou à crítica ao Estado de bem-estar social, ou à oposição a vários aspectos da democracia.

PARA ALÉM DO HOLOCAUSTO

> Ao longo dos anos, [Israel] redefiniu sua identidade ao procurar tornar-se a representante e redentora das vítimas do Holocausto. O evento trágico que permitiu seu nascimento gradualmente se tornou sua justificativa histórica, e uma vez inscrita no seu messianismo nacional, o pretexto constantemente invocado para legitimar suas ações.[51]

Foi com o julgamento de Eichmann, segundo Traverso, que Israel deixou de considerar o Holocausto como um capítulo vergonhoso da história judaica para reivindicar sua memória como fonte de legitimação de sua política. A partir daí, qualquer gesto de hostilidade árabe foi interpretado como um prolongamento do nazismo. Foi, aliás, o que aconteceu desde o 7 de outubro, quando se afirmou, em Israel, que o Hamas tinha assassinado em um dia um número de vítimas apenas menor do que durante o Holocausto – traçando uma continuidade entre o Hamas e o nazismo, como se os palestinos, em sua tragédia e nas várias reações que dela brotaram, fossem apenas uma reencarnação do nacional-socialismo. A nazificação do inimigo é uma maneira cômoda de não ter que olhar para a dominação exercida pelo governo israelense ao longo de décadas de ocupação dos territórios palestinos. E a memorialização obsessiva do Holocausto representa um salto estratégico em relação ao passado. A frase de Adorno, *nunca mais de novo Auschwitz*, transformou-se em algo como "o passado nunca passa", e o discurso da memória tornou-se um discurso retórico e conformista, uma fórmula ritual que incentiva a história lacrimogênica de uma comunidade unida pelo sofrimento.

51. Enzo Traverso, *The end of Jewish Modernity*, op. cit., p. 107.

É incontestável – a alteridade judaica deixou de ser estigmatizada na esfera pública ou cultural. Por vezes, até se reveste de um signo de distinção e multiculturalismo. Mas o fim do antissemitismo não significa o fim do racismo, insiste Traverso, com razão. Afinal, a islamofobia tomou o lugar do clássico antissemitismo. Obviamente, com a contrapartida reversa: uma judeofobia provocada pelo conflito israelo-palestino vai crescendo. Dificilmente aqueles judeus que se inseriram nos circuitos dominantes têm condições de ceder o lugar de vítimas prioritárias àqueles que estão sob o jugo do Estado de Israel.

Hoje em dia, os maiores pensadores pós-coloniais ou decoloniais estão fora do circuito europeu – Bhabha, Glissant, Said –, nós acrescentaríamos, numa outra chave, Mbembe, Viveiros de Castro, Butler, Chakrabarty. Pois de maneiras diversas sustentam uma crítica ao eurocentrismo, ou reafirmam a provincialização da Europa. O surgimento do movimento pós-colonial coincide, segundo Traverso, com a exaustão do ciclo crítico judaico pré e pós-holocáustico. Said, numa entrevista ao final de sua vida, se considerou o "último intelectual judeu"...

Tudo parece sem saída, a menos que se invente uma saída. A começar, digamos, pela figura de um judeu liberado de sua dependência em relação ao antissemita, por um lado, e da tutela do Estado de Israel, por outro. Só então a diáspora poderia reinventar-se nas mais diversas direções, sem ficar sartreanamente subjugada ao olhar do Outro[52] – o eterno inimigo antissemita –, nem permanecer submetida à tutela de um Estado cada vez mais obcecado com a supremacia judaica – na chave etnocrática. Só então, talvez, a contraposição judeu/gentio deixasse de constituir o moto central da vida judaica, abrindo-a para outras aventuras, alianças, afetos, composições. A vida, agora pensada em termos de defesa e ataque, derrota ou vitória, extermínio ou dominação, teria alguma chance

---

52. Jean Paul Sartre, *Réflexions sur la question juive*. Paris: Gallimard, 1954, p. 98: "Mostramos que os judeus não possuem entre si nem comunidade de interesses, nem comunidade de crenças. Eles sequer têm uma pátria, não têm nenhuma história. O único liame que os une é o desprezo hostil em que os mantêm as sociedades que os rodeiam".

de se redefinir por parâmetros distintos, tais como confluência, hibridação, devir-outro, *Tikun Olam* [reparação do mundo]. E as comunidades poderiam basear-se em afinidades éticas e não em filiações étnicas, multiplicação de territórios existenciais e não em conquista bélica da Terra Prometida. Será que o legado espiritual judaico, no seu repertório variegado, dispõe de riqueza e força suficientes para inspirar tal reversão? Ou seria preciso ir mais além, além-do-judeu, tal como Nietzsche pregou o além-do-homem?

Desconstrução do mito da continuidade do povo judeu

Nos últimos anos, foram publicados livros e artigos com títulos tais como *Quando e como Israel foi inventada*, *Quando e como se inventou o povo judeu*, *A Bíblia: não se encontram vestígios*, *Como nos tornamos judeus*, provocações de revirar o estômago de quem tem uma identificação inquestionável com as crenças mais básicas e profundas do judaísmo.

Porém, vindo do âmbito acadêmico, de disciplinas como arqueologia, teologia, história e sociologia, as novas interpretações não puderam ser ignoradas. Apesar de atacadas pelas escolas tradicionais, foram ganhando terreno, até serem reconhecidas entre os especialistas do mundo acadêmico.

Questionar narrativas tão consagradas e populares, sejam elas históricas, religiosas ou míticas, mexe com sentimentos pessoais e coletivos, e abala percepções tanto nacionais como religiosas. Mas é inevitável, como se verá a seguir.

Na segunda metade do século XIX e começo do XX, na época da formação de novos Estados e de profundas mudanças políticas na Europa, vários mitos ajudaram a promover os movimentos de transformação nacional e social.[1] Para tanto, procurou-se cavoucar as raízes históricas que corroborassem o respectivo nacionalismo. Wagner trouxe os teutões e as valquírias para os palcos de ópera, Yeats fez renascer as divindades celtas, e mais tarde até Alexander Nevsky foi encomendado

---

1. Por mito entendemos aqui supostos eventos históricos dos quais não há indícios verificáveis, sejam arqueológicos, sejam literários. Ainda voltaremos à sua definição mais precisa com Anthony Smith.

como personagem de Eisenstein, incluindo a música de Prokofiev. Mas o protagonismo dos mitos é relativo: mais "adormecidos" em tempos de paz, mais salientes em períodos agitados. Um cidadão grego, em nossos dias, não se ofenderia caso fosse questionado se os gregos de hoje são os continuadores de Péricles, Sócrates e Platão. E provavelmente sorriria, caso perguntassem se Hércules foi um personagem histórico verdadeiro.

Mas os judeus sempre foram um caso diferente. A presença constante do passado é inseparável do discurso do presente, que reverbera em cada judeu e impede uma reflexão crítica isenta de sentimentalismo solidário, o que é inconscientemente bloqueado como se fosse uma heresia.

Como disse o judeu marxista Isaac Deutscher:

> Religião? Sou ateu. Nacionalismo judaico? Sou um internacionalista. Em nenhum sentido, portanto, sou judeu. Contudo, sou judeu pela força de minha solidariedade incondicional para com os perseguidos e exterminados. Sou judeu porque sinto a tragédia judaica como minha tragédia; porque sinto o pulso da história judaica.[2]

Este capítulo aborda alguns aspectos da historiografia judaica, convidando ao questionamento de paradigmas consolidados, já que hoje, mesmo os mais convictos de sua identidade e de sua visão do mundo, sentem o chão tremer debaixo dos pés. É hora de conectar as duas pontas: a angústia e o abalo da crença na "história".

A BÍBLIA *VERSUS* A ARQUEOLOGIA

A Bíblia não é um livro, mas uma biblioteca. Os diferentes livros da Bíblia foram escritos por diferentes autores em diferentes épocas. Posteriormente, alguns livros foram excluídos e outros canonizados, estes últimos fazendo parte da versão final.

As comunidades diaspóricas europeias, que desde o começo do primeiro milênio a. C. mantiveram a tradição de transmitir de ge-

---

2. Isaac Deutscher, *O judeu não judeu e outros ensaios*, trad. bras. Moniz Bandeira. Rio de Janeiro: Civilização brasileira, 1970, p. 49.

ração em geração os conhecimentos e os textos canônicos, sempre consideraram a literatura rabínica (Talmud, Mishná) como material central de estudo, ao qual se anexavam trechos bíblicos interpretados pela literatura rabínica.[3] A Bíblia, mais precisamente o Antigo Testamento, enquanto uma obra integral, não era estudada.[4]

A leitura da Bíblia como livro de história desenvolveu-se no século XIX, contemporaneamente ao despertar das pesquisas arqueológicas cristãs na Terra Santa. Os primeiros arqueólogos europeus, que no século XIX exploraram os lugares identificados na Bíblia, eram principalmente alemães e ingleses, nutridos por uma inspiração protestante, que viam na arqueologia uma forma de argumentar contra as teorias materialistas e darwinistas então em voga na Europa.[5]

Já os primeiros arqueólogos judeus a explorarem a região nos anos 1920, com o surgimento do projeto sionista, sentiam necessidade de provar a autenticidade das raízes históricas dos judeus que povoariam a Palestina. Se o projeto sionista falava em "retorno", nada mais natural do que provar a veracidade dos acontecimentos descritos no Antigo Testamento.[6]

O interesse acadêmico em explorar o passado andou de mãos dadas com o nacionalismo do país em formação, que precisava revalidar o direito à terra e apresentar provas que justificassem o projeto sionista. Dizia-se, sobre os primeiros arqueólogos, que, ao saírem para o campo, "tinham numa mão uma pá de escavação e na outra a Bíblia". Viam sua missão como a reconstrução da história segundo a Bíblia, utilizando a arqueologia de forma instrumental.

Com o progresso da tecnologia, a determinação da idade dos indícios arqueológicos passou a ser mais precisa. Ora, o texto

---

3. A literatura rabínica foi escrita por destacados sábios e rabinos do século II a. C até o século VI d. C. Ela inclui leis e normas que ditam o comportamento e as práticas religiosas a serem seguidos imperativamente (*mitzvot*). Em princípio, baseiam-se no Antigo Testamento, mas enfatizam a interpretação dada pelos rabinos.

4. Shlomo Sand, *When and how the Jewish People was invented?* Tel Aviv: Resling Publishing, 2008, p. 80.

5. Yaacov Shavit, "The Public Interest in Archeology in the 30's", *Cathedra*, v. 44, 1987, pp. 2–55

6. Haim Weiss, "From a secular archeology to a religious one – The case of Bar-Kosibah", *Theory and Criticism*, v. 46, 2016, p. 146.

bíblico, quando descreve acontecimentos, principalmente da época do Primeiro Templo e mais adiante, cujo relato abarca os reinos de Judá e de Israel (aproximadamente entre 1 000–600 a. C.), sempre detalha a duração do reinado de cada rei. Dessa maneira, se um capítulo do Livro de Reis, que narra o reinado de um certo soberano, caracteriza-o como próspero, espera--se que nas escavações os indícios demonstrem uma riqueza econômica, seja através de objetos decorativos, matéria-prima mais valiosa, ou de vestígios de artefatos de outras regiões que testemunhem atividades comerciais com outros povos. Por outro lado, se há algum relato de guerra, espera-se encontrar utensílios queimados ou destruídos da mesma época.

Foi assim que os arqueólogos revelaram a ausência de correlação entre o texto e os achados arqueológicos. A idade dos vestígios, analisados cientificamente, não coincidia com os respectivos períodos descritos na Bíblia. As discrepâncias não podiam ser ignoradas, a tal ponto que o arqueólogo Ze'ev Herzog publicou no jornal *Haaretz* do dia 20 de outubro de 1999 um artigo cujo título era "A Bíblia: não há vestígios".

Sendo a arqueologia um campo de pesquisa fundamental em Israel, desenvolveram-se, nos últimos anos, duas escolas: uma dos que, a partir do texto, procuram vestígios que os corroborem, e outra dos que, a partir dos vestígios, retornam ao texto e tentam explicar por que ele foi escrito daquela maneira, e qual agenda social, política e histórica levou o narrador bíblico a redigir uma versão não alinhada inteiramente com os fatos (deduzidos dos achados arqueológicos). Hoje, há pesquisas que buscam caminhos intermediários entre esses dois extremos.

Como é de esperar, a discussão não se limita ao campo acadêmico, pois tem implicações diversas que merecem ser esclarecidas.

A BÍBLIA COMO UM LIVRO DE HISTÓRIA

A Bíblia é considerada, em muitos círculos judaicos, um livro de história. Em meios religiosos, é tida como um texto de inspiração divina, e, portanto, incontestável, o que torna qualquer crítica ou dúvida uma subversão inaceitável. Já os círculos com perfil nacionalista e patriótico precisam dela como história para provar que as raízes do povo judeu são originárias dos lugares onde ocorreram os eventos bíblicos, isto é, os reinos de Israel e de Judá, denominados mais tarde, pelos romanos, de Palestina. Os judeus, tanto da diáspora como de Israel, compartilham um sentimento de identificação coletiva com a narrativa da continuidade ininterrupta do povo judeu desde a Antiguidade até a atualidade, o que justifica tanto o retorno à Israel quanto a primazia do direito dos judeus, perante qualquer outro povo, de ali fixar seu "lar nacional".

Como não há quase nenhum registro histórico por escrito dos primeiros tempos da época bíblica, isto é, o segundo milênio a. C., exceto o próprio texto bíblico, é preciso buscar evidências arqueológicas ou investigar analogias com histórias documentadas de outros povos, datadas das mesmas épocas. Muitas das narrativas bíblicas são fruto de uma memória coletiva, na qual se misturam eventos imaginários e reais, passados oralmente de geração em geração, e por isso sofrendo inevitavelmente variações e distorções. Textos do gênero histórico com detalhes abundantes, como aparecem na Bíblia, podem ser considerados pelo leitor como verdades históricas. No entanto, questionar a veracidade (completa ou não) de uma narrativa é menos importante do que investigar quando ela foi escrita, quem é o narrador, qual seu objetivo, e em quais circunstâncias o texto foi incluído na biblioteca bíblica.[7]

O historiador Simon Dubnov sintetizou a percepção da narrativa bíblica consensuada pela grande maioria dos judeus (e não judeus) da seguinte maneira: a Bíblia está repleta de descrições fantasiosas, mas a coluna vertebral é crível e confiável, pois a memória milenar coletiva dos judeus é autêntica.[8]

---

7. Yigal Bin Nun, *A Brief Story of Yahweh*. Tel Aviv: Resling Publishing, 2016, p. 77.
8. Shlomo Sand, *When and how...*, op. cit., p. 96.

A MITO-HISTÓRIA: UMA HISTÓRIA SEM EVIDÊNCIAS

Das histórias narradas nos primeiros livros do Antigo Testamento, que formam o Pentateuco (a Torá) e Juízes, desde a criação do mundo até o Livro de Reis, ou seja, até aproximadamente 1 000 a. C., não foram encontradas evidências arqueológicas, tampouco inscrições, ou mesmo referências em investigações da história de outros povos.[9] Há indicações arqueológicas de migrações de populações da Mesopotâmia (que poderiam ser relacionadas ao percurso de Abraão), do Egito (que poderiam indicar uma saída do Egito), assim como lendas que falam de desastres ecológicos (que lembram o dilúvio). No entanto, indícios diretamente ligados às narrativas da Torá e do Livro de Juízes nunca foram encontrados.

Mas não só a arqueologia expõe possíveis interpretações históricas. Segundo a metodologia do pesquisador da Bíblia, Hermann Gunkel, a leitura crítica do texto bíblico deve basear-se em outros parâmetros além da arqueologia. Ele se refere à classificação dos textos conforme o gênero literário (conto, poesia, novela etc.). As descrições dos livros da Torá e dos Juízes (os patriarcas, a escravidão no Egito, a conquista de Canaã), são sagas históricas situadas, segundo o texto bíblico, no período entre 2000–1000 a. C. aproximadamente, no entanto não poderiam ter sido escritas antes dos séculos VII–VIII a. C. A compilação e a redação de textos deste gênero supõem a existência de uma estrutura política (corte com escrivães) e um nível de administração (arquivos) que só apareceria nesse período, tal como aconteceu em países vizinhos, o que sugere a época em que os ditos relatos foram escritos. Provavelmente, foram compilados a partir de relatos orais, que incluíam histórias de outros povos e passaram de geração em geração.

O arqueólogo Israel Finkelstein sustenta que a história bíblica deve ser estudada segundo um método regressivo, citando o historiador Marc Bloch da escola francesa dos Anais. Con-

---

9. O apêndice traz uma lista indicativa dos diferentes livros do Antigo Testamento, sua localização na linha do tempo, e os episódios que contém.

forme essa perspectiva, o historiador deve se fixar num período em que tanto os testemunhos escritos quanto os arqueológicos são sólidos e bem definidos, e de lá conduzir a investigação de forma regressiva para períodos mais incertos, obscuros e desconhecidos, neste caso, os patriarcas Moisés, Josué etc.[10]

Historiadores estimam que durante a época dos reis, entre 800–600 a. C., foram escritos os livros da Torá e dos Juízes, incluindo os relatos dos reinados de Davi e Salomão. Também estimam que foram escritos por diversos autores (mas não muitos), com estilos diferentes (como se nota nos textos), aptos a redigirem narrativas históricas detalhadas e abrangentes seguindo certas diretrizes consensuais.[11]

Um bom exemplo é a história de Jacó e Esaú, filhos de Isaac, que disputaram a herança e a preferência do pai. Jacó, descrito como uma pessoa sensível e culta, recebeu a preferência por intermédio de um truque e se tornou o continuador da estirpe do que seria o povo que se denomina, no Antigo Testamento, os filhos de Israel, enquanto Esaú, um simples caçador selvagem, uma vez perdida a disputa, abandonou a família e se tornou o pai do povo edomita. Ora, esse episódio, segundo a Bíblia, aconteceu aproximadamente quinhentos anos antes da primeira referência histórica e arqueológica a Edom como um reino, já na época dos últimos reis. Daí se pode deduzir que o texto foi escrito aproximadamente no século VII a. C., como uma lenda que reflete certa rivalidade entre os reinos de Israel e de Edom naquele período.[12]

10. Israel Finkelstein, *"History, historicity and historiography in Ancient Israel"*. In: Johannes Unsok Ro (org.), *Story and History: the Kings of Israel and Judah in context*. Tübingen: Mohr Siebeck, 2019, pp. 15–30.

11. Yigal Bin Nun, *A Brief Story of Yahweh*, op. cit., pp. 17–18.

12. Israel Finkelstein e Neil Asher Silberman, *The Bible unearthed*. Tel Aviv: Tel Aviv University, 2003, p. 40 [*A Bíblia desenterrada: a nova visão arqueológica do antigo Israel e das origens dos seus textos sagrados*, trad. bras. Tuca Magalhães. Petrópolis: Vozes, 2018, p. 63].

ISRAEL *VERSUS* JUDÁ

A análise do período dos reis do Antigo Testamento (entre 900–600 a. C.) se tornou central na discussão sobre a autoria dos textos bíblicos e a falta de correlação entre tais textos e os achados arqueológicos.

Em razão da ausência de vestígios e inscrições, há dúvidas sobre a existência de um reinado unido em Judá e Israel, tal como o Antigo Testamento descreve nos capítulos de Saul, Davi e Salomão (930–1030 a. C.), anterior à cisão que gerou dois reinos separados, Israel (na região norte) e Judá (na região sul). Consequentemente, a história factual e verificável começa com a existência dos dois reinos, o de Judá e o de Israel.

Os indícios arqueológicos mostram um reino relativamente rico e populoso no norte (Israel), e um menor e mais pobre no sul (Judá). Escavações relacionadas ao reino de Judá o caracterizam como uma região relativamente pobre, com poucos vilarejos, típicos de zonas que dependem de uma agricultura de montanha, com solo semiárido e pouca chuva. Judá tinha pouca importância estratégica para países mais poderosos na época, ao contrário da região costeira onde habitavam os filisteus. Há um indício relacionado ao rei Davi como iniciador de uma dinastia, como indica a pedra de basalto encontrada em Tel Dan. Recentemente, foram encontradas provas, em escavações feitas em Jerusalém, do que poderia ter sido alguma espécie de templo (remetendo ao Primeiro Templo) ou uma edificação governamental. Já as escavações em Khirbet Qeiyafa revelaram uma fortaleza que provavelmente era necessária, dada a vizinhança com os filisteus, que eram mais fortes e mais bem organizados.[13] Porém, isso não mudou o quadro geral que retrata Judá como um reinado pequeno e pouco importante.

As narrativas sobre o reino de Salomão contêm descrições que mais se assemelham ao que era a corte de Judá no século VII

---

13. Yosef Garfinkel, Saar Ganor e Michael Hasel, "The Contribution of Khirbet Qeiyafa to our Understanding of the Iron Age Period", *Bulletin of Anglo-Israel Archeological Society*, v. 28, 2010, pp. 39–54.

a. C., o século da expansão do reino unificado, do que ao reinado salomônico (supostamente imaginário) datado de quatrocentos anos antes. Não só porque as narrativas são exageradas (parecem um conto das mil e uma noites), mas também porque não foram encontrados indícios arqueológicos. As ruínas de edificações que se acreditava ser da época salomônica se revelaram recentemente, através das novas verificações tecnológicas da idade dos vestígios, como mais tardias.[14] Isso sugere que Salomão possa ter sido um personagem inventado (ou pelo menos remodelado para fins narrativos), ambientado dentro de descrições parecidas com as cortes dos reis do período posterior, quando os textos foram escritos.

Na região norte, por sua vez, no que foi o reino de Israel, há vestígios arqueológicos diferentes, indicando que a economia era mais desenvolvida, com culturas agrícolas extensivas de cereais e oliveiras, o que atraía o intercâmbio de produtos com regiões vizinhas. Isso requeria uma administração central, um governo e um exército, mesmo que este fosse pequeno. Há indícios de que, nessa época, a população aumentou, talvez em virtude da expansão da economia. E existe documentação de fontes externas sobre a dinastia de Omri, que aparece na Bíblia, incluindo a conquista de territórios, o que serve de testemunho de que o reino de Israel tenha sido um reino bem mais estruturado e organizado do que o de Judá.[15]

Israel, por ser mais rica, foi incluída nas ambições expansionistas da Assíria, que na época era uma potência regional. No século IX a. C., com a queda da dinastia de Omri, Israel passou a ser um reino vassalo dos assírios, como provam as inscrições do obelisco de Salmanaser III.[16] Sob a tutela assíria, Israel se fortaleceu e se expandiu ainda mais.

Alguns anos mais tarde, a Assíria impôs um domínio mais severo sobre Israel, que culminou com sua conquista em 722 a. C.,

---

14. Shlomo Sand, *When and how...*, op. cit., p. 121.
15. Israel Finkelstein e Neil Asher Silberman, *David and Solomon. In search of the Bible's Sacred Kings and the Roots of the Western Tradition*. Tel Aviv: Tel Aviv University, 2006, pp. 94–97.
16. Ibid.m, pp. 118–119.

o que causou uma migração massiva de habitantes de Israel para Judá. A arqueologia mostra um crescimento desproporcional da população de Judá paralelamente ao declínio acentuado em Israel. Essa migração misturou as duas populações, e nota-se a contribuição de Israel, muito mais desenvolvida, na estrutura do governo e da economia de Judá.[17] Com a imigração, e o desaparecimento de fato do reino de Israel, teve início um processo de transformação de Judá em um reino unido, começando com a centralização dos rituais religiosos em um só lugar, Jerusalém, e o descarte dos locais de rituais existentes em Israel, como Beth-El.[18]

Estima-se que, nesse período de transição, num intervalo de tempo de algumas décadas, escreveram-se os livros da Torá, dos Juízes e dos reinados de Davi e Salomão. Como quase metade da população de Judá era proveniente de Israel, considerações políticas ditaram a necessidade de criação de uma narrativa histórica comum que conciliasse as duas populações. As narrativas orais, fruto da memória coletiva, foram resumidas e refletidas em uma história (em parte imaginária) que descreve um reino unido glorioso (o de Davi e Salomão), cuja cisão se deu por divergências relacionadas a rituais, e que então voltou a se unir.[19] Nessa narrativa, tanto Davi como Salomão (que foram relacionados com Judá) tiveram Jerusalém como o centro religioso do reino unido (que provavelmente não existiu). Foi lá que Davi ordenou a localização da Arca Sagrada e Salomão construiu o Templo. Mas o aspecto mais importante foi a caracterização da dinastia de Davi, representada pelos reis de Judá, declarados como a continuação natural dessa dinastia, que era o fio histórico compartilhado por todos.

Em resumo, as narrativas de eventos do segundo milênio foram redigidas aproximadamente quatrocentos anos mais tarde por membros da corte de Judá – que naquele período incluía também uma parte da população de Israel –, orientados a enfatizar a

---

17. Israel Finkelstein e Neil Asher Silberman, *David and Solomon* op. cit., pp. 126–128.
18. Ibid., pp. 131–132.
19. Yigal Bin Nun, *A Brief Story of Yahweh*, op. cit., pp. 86–87.

história de Judá (com elementos imaginários e idealizados) como predominante. Com isso, ela se colocava como a continuação ininterrupta do passado, seguindo uma inspiração divina.[20]

Podemos citar algumas considerações literárias que corroboram essa tese. A narrativa bíblica do período dos reis Saul, Davi e Salomão (século x a. C.) pertence ao gênero novela histórica, que surgiu somente alguns séculos mais tarde. Não há vestígios de nenhuma documentação de tal envergadura, desta época, encontrada na região, tampouco inscrições ou documentos relacionados à administração e ao comércio. Como descrito anteriormente, supõe-se que essa narrativa se baseou em uma tradição de relatos transmitidos oralmente de geração em geração e que consolidaram uma memória coletiva; relatos que, por circunstâncias políticas, foram compilados e escritos na época dos reis, durante a unificação dos dois reinos.

Não é difícil encontrar indicações de tal recompilação imaginativa no texto bíblico escrito durante a época dos reis de Judá, séculos após o suposto período de sua ocorrência.

Nos relatos desses três reis (Saul, Davi e Salomão), há duzentos e vinte e um nomes de personagens, cento e oitenta e três nomes de lugares, e a narrativa consiste em quase trinta mil palavras, se comparada, por exemplo, com as duzentas e trinta e oito palavras dedicadas ao rei Omri, um dos mais importantes de Israel, ou às sete linhas dedicadas a Jeroboão II, cujo reinado durou quarenta anos (sendo os dois últimos contemporâneos da escrita dos textos). Considerando que uma narrativa transmitida oralmente não conserva tais detalhes ao longo de centenas de anos, é muito, muito provável a hipótese de que a compilação e a redação aconteceram séculos depois, sofrendo certos "ajustes" a fim de atender a orientação ideológica.

No Livro de Reis, há uma insistência em contar que todos os reis de Judá pertenceram à mesma dinastia, a suposta dinastia de

---

20. Israel Finkelstein e Neil Asher Silberman, *The Bible Unearthed*, op. cit., p. 60 [*A Bíblia desenterrada*, op. cit., pp. 90–91].

Davi. Mas a narrativa diz também que sete reis foram assassinados sem que a dinastia fosse descontinuada, enquanto no reino de Israel houve nove reis assassinados, o que resultou, segundo o texto, na ruptura de quase todas as dinastias, ao contrário do que se conta sobre Judá. A sequência dinástica de Judá também contém detalhes suspeitos, como aparições de crianças desconhecidas, supostamente filhos que sucederam o respectivo pai assassinado. Em outros casos, a contagem dos anos é errônea, e há filhos sucessores que nasceram quando o pai ainda era menino.[21]

Mais importante ainda é a diferença entre o relato bíblico e os vestígios. No caso do rei Omri (de Israel), o texto diz que "fazia o que era mau aos olhos de Jeová e veio a fazer pior do que todos os que o precederam" (Reis 1:16), enquanto a arqueologia traz indícios de que se tratava de uma época próspera e aberta ao comércio com os países vizinhos. A interpretação dada para tal discrepância reside no fato de que, historicamente, épocas de abertura política eram caracterizadas por um intercâmbio não apenas comercial, mas também religioso e cultural, que incluía uma atitude pragmática em relação a diferentes rituais. Ora, juntamente com a compilação dos textos, houve também uma tentativa de reforma religiosa, como veremos a seguir, de modo que era necessário criticar e condenar a conduta do rei Omri como parte do novo discurso ideológico que se almejava estabelecer com essa reforma, apesar de ter trazido prosperidade durante seu reinado.

Exemplos como estes explicam o porquê das diferenças entre o texto e os achados arqueológicos. O objetivo dessa revisão da historiografia bíblica é acompanhar uma metodologia que se propõe a separar mitos de fatos, a partir da conexão entre os textos e os contextos. A recente história dos judeus torna imperativo refletir sobre as implicações causadas por uma historiografia mais mítica do que factual.

---

21. Yigal Bin Nun, *A Brief Story of Yahweh*, op. cit., pp. 94–107.

O LIMITE DA INSTRUMENTALIZAÇÃO DOS MITOS

Os mitos são uma parte integral das narrativas étnicas, nacionais e religiosas. O sociólogo e historiador Anthony Smith classifica os mitos étnicos e nacionais em diferentes categorias:

1. Os que se referem à origem e à ancestralidade, que definem a nação como uma família e eventualmente indicam uma pureza étnica;[22]

2. Os da terra "sagrada", caracterizada como prometida, terra do destino e do futuro, que não pode ser negociada;[23]

3. Os que explicitam uma escolha étnica, que legitima práticas e ações usando como referência contos inspirados em divindades;[24]

4. Os que atribuem a um povo uma superioridade moral e cultural.[25]

Em toda narrativa há uma mescla de fatos históricos e mitos, em diferentes dosagens, que coexistem numa cumplicidade entre forças que almejam manter uma coesão e lealdade coletivas, e sujeitos que são moldados por elementos de glória, tragédias, realizações, sacrifícios e vitórias.

Essas narrativas são o alicerce dos sentimentos que mantêm as comunidades num certo grau de solidariedade, e sua persistência as converte em um dos principais elementos da fogueira que reúne a tribo ao seu redor. Com a fragmentação social ao longo dos séculos, talvez este seja um dos poucos elementos ainda infalíveis que seguem alimentando a tal fogueira. E mais: a porção

22. Antony Smith, *The ethnic origin of nations*. New Jersey: Wiley-Blackwell, 1986, p. 19.
23. Id., *Chosen People – Sacred Sources of National Identity*. Oxford: Oxford University Press 2003, p. 137.
24. Ibidem, p. 49.
25. Anthony Smith, *Myths and Memories of the Nation*. Oxford: Oxford University Press, 1997, p. 267.

mítica da mescla ganha maior peso à medida que a narrativa se transforma em ideologia. O mito faz parte do que Žižek chama de fantasia ideológica, capaz de produzir no sujeito uma atração maior, uma dimensão mais transcendente, inacessível até, capaz de levá-lo a "arriscar o impossível", já que a fantasia certamente oferece uma solução "fácil", que dá origem a um possível elo entre os mitos e as tendências de extremismo político.

É muito pretensioso pensar que uma desconstrução intelectualizada dos mitos cause algum impacto. Seria demasiado simplista advogar a tese de que sempre há alguma verdade histórica a mais a ser revelada que pudesse substituir a mistura de fatos e mitos, cada qual baseada em perspectivas diferentes e com finalidades variadas.

Em lugar de analisar de forma crítica o grau de veracidade das narrativas, mais importante é definir critérios que avaliem a legitimidade do recurso aos mitos, conforme alimentem sentimentos nacionalistas, religiosos e étnicos.

O filósofo David Archard propõe os seguintes critérios:

1. O primeiro é que o mito não cause o surgimento de crenças que penalizem membros da sociedade. Por exemplo, mitos que glorificam uma maioria étnica, e acabam produzindo percepções depreciativas sobre minorias, tais como: baixo nível intelectual, lealdade questionável à comunidade, comportamento familiar retrógrado etc. Tais percepções, além do dano moral, eventualmente justificam discriminação e perseguição de caráter institucional;

2. O segundo é que o mito não constitua um álibi que crie obstáculos deliberados no acesso aos fatos relevantes (arquivos, registros, história, educação etc.), discriminando parcelas da população que, portanto, serão enganadas constantemente e excluídas da possibilidade de questionar decisões governamentais, jurídicas ou simplesmente de acessar informações factuais suscetíveis de criticar injustiças sociais;

3. Finalmente, o terceiro critério é que o mito se torne um alicerce sobre o qual se construa uma realidade (*state of affair*) moralmente inaceitável, que poderia ser questionada e possivelmente corrigida se o mito fosse invalidado.[26]

É imperativo refletir sobre a validade desses critérios na atualidade do mundo judeu, particularmente com a territorialização em forma de Estado pela primeira vez em quase dois mil anos. Os judeus aceitaram uma visão teleológica que vê na formação do Estado um desfecho necessário de sua história, praticamente inevitável depois do antissemitismo brutal do século xx. Porém, na curta história desse Estado, aconteceu (e segue acontecendo) uma série de tragédias e injustiças que se ligam por meio de linhas contínuas e tracejadas aos mitos históricos dos quais os judeus sempre se orgulharam.

As histórias descritas no Antigo Testamento são utilizadas normalmente como plataforma de retórica nacionalista, com a qual é fácil se identificar. Que judeu não conhece a conquista de Canaã por Josué? Ou a promessa divina a Abraão? Sem esquecer a leitura da saída do Egito em cada festa familiar da Páscoa judaica. E, de fato, ao longo da criação do Estado de Israel, tal retórica convenceu os judeus de que a terra ia ser conquistada "tal como Josué conquistou Canaã", e que o novo Estado seria "uma volta ao reino de Davi". Muitos dirão que a retórica tinha um valor simbólico, que veiculava uma motivação capaz de entusiasmar os judeus que buscavam um "lar nacional". No entanto, as narrativas gloriosas não se limitaram às comemorações judaicas relacionadas às revoltas contra os persas no século v a. C., contra os gregos no século ii a. C. e contra os romanos no século ii d. C. (sim, há uma comemoração para cada revolta...). O texto é estudado nas escolas como livro de história que alimenta constantemente o discurso bíblico e forja uma subjetividade patriótica e nacionalista (baseada em mitos), tanto dentro de Israel quanto na diáspora. O caminho entre a

---

26. David Archard, "Myths, lies and historical truth: a defense of nationalism". Political Studies xliii, 1995, pp. 472–481.

criação de um Estado como abrigo necessário e justificável devido às perseguições antissemitas milenares, que culminaram com o Holocausto, até a transformação do Estado em uma potência regional que mantém os sonhos de expansão que privam os palestinos de direitos nacionais, civis e até humanos, passa pelos mitos que certamente não cumprem com os critérios antes apresentados.

Fenômenos sociais parecidos acontecem em muitos países, com muitos povos, cada um com sua bagagem histórica e mitológica. No entanto, com a recente ascensão do judaísmo fundamentalista em Israel (e na diáspora), seguir ao pé da letra as narrativas bíblicas põe em risco a já explosiva situação atual. Esse novo judaísmo, adepto de um tipo de messianismo fundamentalista apocalíptico, busca um retorno à época bíblica "verdadeira", que prevê a restauração das práticas bíblicas, a expulsão dos não judeus, a reconstrução do templo, e a imposição aos judeus laicos de um regime social, jurídico e político de caráter teocrático. O projeto de povoamento dos territórios ocupados desde 1967 criou um habitat onde se desenvolveu um novo modelo de judeu, fundamentalista, messiânico e embriagado pelo excesso de mitos que devem ser transformados em realidade.

A RELIGIÃO JUDAICA NÃO NASCEU NO MONTE SINAI

A leitura crítica da historiografia judaica passa também pelo percurso ziguezagueante da religião. Na idealização da religião judaica como sendo um acordo divino com o povo judeu reside o pivô do etnocentrismo que se expressa no atributo "o povo escolhido".

A pesquisa histórica do monoteísmo judeu não encontra evidências arqueológicas fora do texto do Antigo Testamento. Mas há indícios de práticas monolátricas em povos vizinhos desde a metade do segundo milênio. A monolatria se reflete na aceitação de múltiplas divindades, porém admitindo a prática de rituais dirigidos a uma única dessas divindades, ao contrário do monoteísmo, que admite uma única divindade, descartando quaisquer outras. Historiadores costumam aceitar a hipótese de que a monolatria refletia geralmente a escolha de uma divindade central por determinado povo ou comunidade. Como resultado, havia divindades preferenciais para certos povos. Os filhos de Israel (assim denominados nos primeiros livros do Antigo Testamento) provavelmente adotaram Jeová como divindade central, ao mesmo tempo que conviviam com outras divindades, de diferentes povos da região. Segundo os historiadores, as primeiras aparições do nome Jeová datam do segundo milênio a. C., em regiões habitadas pelas tribos de Edom e Midiã, no sul da região de Canaã.[27]

Ao contrário dos textos bíblicos, que carecem de evidências, a transição da monolatria ao monoteísmo foi um processo tardio.

Uma das correntes historiográficas da Bíblia, denominada deuteronomista, supõe que o quinto livro do Pentateuco, o Deuteronômio, foi escrito juntamente com os Livros de Juízes e de Reis, dada sua grande semelhança de estilo e composição textual, tendo sido redigido por um só autor (ou um pequeno grupo), provavelmente entre os séculos VII e VI a. C. Ou seja, nos anos da consolidação do reino unificado de Judá. Outras correntes historiográficas têm menor correspondência com os indícios arqueológicos e o gênero literário da época: a corrente eloísta afirma que parte dos livros da Torá foi escrita por autores do reino de Israel no século IX a. C., e a corrente jeovista supõe que foram escritos em Judá, no século X a. C. A corrente deuteronomista parece a mais compatível com o contexto e as pesquisas.

O Deuteronômio é o livro que contém as leis supostamente divinas que representam a aliança de Jeová com os filhos de Israel. O texto salienta a obrigação de realizar os rituais religiosos centralizados em um só templo (e não em diversos locais), e reúne as leis e as regras de conduta social, como administração de cerimônias, vida familiar, regras de alimentação (*kashrut*) etc.[28]

Os historiadores deuteronomistas acreditam que a redação do Deuteronômio e sua compilação juntamente com os livros

---

27. Daniel E. Fleming, *Yahweh before Israel: Glimpses of History in a Divine Name*. Cambridge: Cambridge University Press, 2020.

28. Israel Finkelstein e Neil Asher Silberman, *David and Solomon*, op. cit., p. 20.

citados ocorreu em virtude da necessidade de se criar uma disciplina religiosa associada à narrativa histórica comum a Israel e a Judá. Bin Nun cita o "achado do livro da Torá", por Safan, o escriba da corte do rei Yoshiyahu (Josias), descrito em Reis 2:22, afirmando que se trata do Deuteronômio. Segundo Bin Nun, o livro não foi "achado", mas escrito provavelmente por Safan, contendo o texto que determina as normas e as leis religiosas, cujo objetivo era propriamente criar uma reforma religiosa no reino, posicionando-se contra as práticas politeístas exercidas na época.[29] Por tratar-se de uma reforma, o Deuteronômio descreve as normas e práticas como se tivessem sido ditadas por Jeová, situando o acontecimento na época da (suposta) saída do Egito. Portanto, a reforma é apresentada como um acontecimento que participa de uma continuidade histórica parcialmente imaginária, e cuja credibilidade baseia-se na relação especial entre Jeová e os filhos de Israel. Se a tese de Bin Nun é verdadeira, isto significa que, até aquela época, tais leis não haviam sido impostas de forma categórica, o que sugere que os rituais dos filhos de Israel conviviam com rituais e divindades de outras populações. Os historiadores interpretam o "achado" do Deuteronômio como uma proposta de reforma religiosa profunda empreendida pela corte, que complementa a construção da narrativa histórica do reino recém-unificado, descrita anteriormente.

Uma das leis mais importantes desse livro estabelece que o centro religioso será Jerusalém (situado em Judá), e descarta qualquer outro, certamente tendo em mente os templos localizados em Israel, já conquistado pelos assírios. Um deles, Beth-El, era muito importante para os habitantes do reino de Israel, e seu protagonismo rivalizava com o de Jerusalém.

Outra lei importante afirma: "não haverá outros deuses antes de mim" (Deuteronômio 5), o que pressupõe a existência anterior de outros deuses, em múltiplos locais destinados a

---

29. Yigal Bin Nun, *A Brief Story of Yahweh*, op. cit., pp. 29–31

rituais.[30] Porém o trecho "Ouve Israel, Jeová é o nosso Deus e o único Jeová" (Deuteronômio 6) não afirma que não existem outros deuses e que há um só deus em todo o universo. O trecho diz que Jeová é o nosso deus (dos habitantes de Israel e de Judá) e não de outro povo, e que não há outros Jeovás (fora de Jerusalém). Ou seja, trata-se de um "monojeovaismo" centralizado em Jerusalém, ou uma espécie de monolatria exclusiva.

A lei "Não terás outros deuses diante de mim" (Deuteronômio 5) pode ser interpretada como um reconhecimento claro de que havia no Templo outros deuses expostos e adorados, cujo culto passa ser proibido com a reforma. A expressão "diante de mim" provavelmente se referia ao posicionamento físico de estátuas e ícones de diferentes divindades num mesmo lugar, que teria então que ser modificado, obrigando a posicionar a figura de Jeová na frente dos outros.[31] Isso faz sentido, dado que em escavações arqueológicas se encontram frequentemente estátuas e estatuetas de divindades de outros povos, comprovando a convivência com eles e sua influência.

Há outros trechos na Bíblia que utilizam uma linguagem parecida, sugerindo que cada povo tem seus deuses, sem negar sua existência. O objetivo da reforma, em resumo, é obrigar os habitantes de Judá a cumprirem os rituais do Jeová dos filhos de Israel de maneira exclusiva, em um só lugar, e proibir práticas difundidas de rituais para outros deuses de outros povos, utilizando como referência a suposta aliança com Jeová, datada da época (em parte mitológica) de Moisés, Josué, Samuel e outros.

Pode-se dizer então que a reforma proposta no século VII a. C. constitui o primeiro documento estruturado e redigido de forma completa que define os princípios do monoteísmo judaico, muitos séculos depois dos eventos (provavelmente imaginários) descritos no Antigo Testamento, referentes à aliança entre Jeová e os filhos de Israel.

---

30. Ibid., pp. 35–36.
31. Yigal Bin Nun, *A Brief Story of Yahweh*, op. cit., pp. 148–157.

A DIÁSPORA VOLUNTÁRIA E A EXPANSÃO
DO MONOTEÍSMO JUDEU

A compilação dos livros da Torá no século VI a. C. não necessariamente mudou as práticas politeístas dos habitantes de Judá. O Deuteronômio recém-compilado, incluindo as regras, os deveres e as proibições, provavelmente ajudou a monopolizar os rituais em um só local, o templo de Jerusalém, com isso fortalecendo a narrativa de que o reino de Judá representava a continuação histórica de um passado glorioso, mas duvidoso, ainda que a presença de outros rituais não tenha desaparecido.

Em 586 a. C., Judá foi conquistada pela Babilônia, e o centro religioso de Jerusalém foi destruído. Os babilônios, como prática, empreendiam deslocamentos seletivos de habitantes de regiões conquistadas para outras regiões do império, carentes de população, por terem sido afetadas pelas inúmeras guerras da expansão babilônica. Judá não foi uma exceção, de modo que parcelas da população saíram da região em diversas ondas de emigração para povoar lugares diversos, recebendo em seus novos destinos liberdade completa, além de possibilidades de sustento. Como consequência, floresceram comunidades judaítas (originárias de Judá) fora de Judá, com importantes concentrações de imigrantes e seus descendentes. A tal ponto que, após a libertação pelos persas, que conquistaram a Babilônia anos mais tarde, só uma minoria regressou a Judá. Nessa época, também teve início um fenômeno novo de conversão voluntária de habitantes locais à crença judaíta monoteísta. O monoteísmo judaíta, portanto, atraiu adeptos locais, que foram aceitos de braços abertos.[32] O Livro de Ester, escrito já no período persa, descreve a "judaização" de muitos habitantes locais (Livro de Ester, 8:17). Esta notável abertura da diáspora judaíta em receber adeptos ao ritualismo monoteísta explica também o aumento de crentes na fé, que não podia ser explicado somente por ondas de imigração ou por natalidade.

---

32. Shlomo Sand, *When and how...*, op. cit., pp. 146–150.

Contudo, na época, o que mais influenciou as práticas religiosas e sociais, e principalmente culturais, foi a expansão helênica em 332 a. C., quando Judá foi conquistada, assim como as regiões vizinhas. O helenismo suscitou mudanças importantes nas terras conquistadas, que se abriram a novos conhecimentos. Desenvolveu-se um sincretismo cultural que enriqueceu tanto os locais como o helenismo em geral, e despertou-se um interesse por uma divindade universal em lugar de múltiplos deuses, em particular sua personificação. Alexandria, fundada no norte do Egito em 331 a. C., tornou-se o centro urbano mais importante da época, e atraiu muitos habitantes de Judá, cuja cultura chamou atenção e causou interesse. Entre 287–247 a. C. foram traduzidos os livros da Torá para o grego (a Septuaginta), e nos anos seguintes a tradução se estendeu a outros livros da Bíblia, mas não só. Os fundamentos dos rituais monoteístas judaítas atraíram muitos adeptos em Alexandria e em outros centros judaítas do domínio helênico, tal como décadas antes havia ocorrido na Babilônia e na Pérsia.

Esta foi uma época de helenização de Judá, apesar da constante oposição à presença de outras divindades da cultura helênica e da insistência em manter o culto monoteísta. O modelo da pólis grega foi instaurado nas cidades, a arte e a arquitetura em particular adotaram as regras da estética grega, o grego era falado comumente, e as práticas da corte governante imitavam as helênicas. Judá se tornou uma província semiautônoma com relativa independência, chefiada pela dinastia dos Asmoneus, que, apesar de descender dos líderes da revolta dos Macabeus que se opuseram à influência helênica, adotou gradualmente uma política pragmática de coexistência do helenismo com os cultos judaítas, em troca de uma estabilidade política e econômica. Bastante significativo também foi o fato de os Asmoneus, que empreenderam uma expansão territorial, obrigarem os povos conquistados a se converterem ao monoteísmo judaíta, o que era uma prática nova, aumentando o número dos adeptos.[33]

---

33. Shlomo Sand, *When and how...*, op. cit., pp. 151–155.

O historiador Flávio Josefo descreve a imigração de cem mil judaítas para o Egito durante o período helênico, promovida pelo rei Ptolomeu em 300 a. C., assim como a de outros tantos para a região da Cirenaica (hoje parte da Líbia), para exercer a função de guardiões das províncias e soldados mercenários. O filósofo Fílon de Alexandria (15 a. C.–45 d. C) estima, no livro *In Flaccum*, que no começo do século I d. C. havia um milhão de descendentes e adeptos no norte da África. E já na era romana, antes da destruição do Segundo Templo (isto é, antes da suposta expulsão da população de Judá pelos romanos), no censo publicado pelo imperador Cláudio em 45 d. C., havia sete milhões de judaítas no império, de um total de sessenta a setenta milhões de habitantes, semelhante aos seis milhões citados por Flávio Josefo. Note-se que já não se diferenciavam, nessas estimativas, os originários e descendentes que vieram de Judá dos adeptos locais.[34]

Resumindo essa série de mudanças, fica claro que o monoteísmo judaíta, formulado por escrito na reforma promovida no reino de Judá no século VII a. C., se propagou pelo mundo graças à imigração forçada pelos babilônios no fim do século VI a. C., e principalmente com a helenização que começou em meados do século IV a. C. Esse monoteísmo atraiu milhões de adeptos, desde a região da Mesopotâmia até o norte da África, e se caracterizou por sua abertura pragmática, sem utilizar como critério a origem étnica dos praticantes.

DO RITUAL À RELIGIÃO

Com a conquista do mundo helênico pelo Império Romano, no fim do século I a. C., e com o crescimento da população judaíta, tanto em Judá quanto nas províncias, tornaram-se mais gritantes as diferenças entre a cultura hegemônica identificada com o regime do Império e a judaíta, vista como uma minoria que acumulava poder. Repetidos incidentes relacionados à proibição de rituais e à imposição de impostos considerados injustos se transformaram muitas

34. Ibid., pp. 25–26.

vezes em confrontos violentos. De acordo com a política rígida do Império em manter a *Pax Romana*, imperadores ou governadores locais das províncias eram pouco tolerantes com minorias rebeldes. Os judaítas provavelmente não avaliaram o risco em revoltarem--se contra o poder romano, assim, num período de setenta anos, houve três revoltas contra o Império que resultaram em fracasso.

A primeira, em Judá (66–73 d. C.), e que resultou na destruição do templo, teve dois efeitos imediatos: o fim dos sacrifícios como parte do ritual judaíta, e a ascensão das sinagogas locais (que já existiam antes, fora e dentro de Judá) como lugar de encontro. A segunda, ocorrida em diversas concentrações judaítas na diáspora (115–117 d. C), terminou com uma repressão violenta por parte dos romanos, que destruíram comunidades inteiras, incluindo a de Alexandria, e reverteu a tendência de adesão ao monoteísmo judaíta, o que reduziu a população e sua respectiva influência. Por fim, a terceira, também em Judá (132–136 d. C.), que resultou na sua destruição quase total, e na dispersão massiva da população de Jerusalém, que se espalhou por pequenas cidades como Iavne, Tsipori, Beit Shearim e outras, causando uma descentralização dos serviços religiosos e um maior protagonismo de sábios e rabinos em diferentes centros.

Após a destruição do Templo, os rituais de sacrifício em Judá deixaram de ser realizados. Entre os judaítas diaspóricos, por sua vez, tais rituais eram menos frequentes, já que a norma ditava a obrigação de fazer sacrifícios somente no templo de Jerusalém. Sem os sacrifícios e as oferendas agrícolas, as cerimônias baseadas na leitura dos textos escritos adquiriram um maior protagonismo, e foram transferidas para as sinagogas, em substituição ao templo. A interpretação dos textos por sábios e sua leitura por rabinos em sinagogas locais se tornou algo mais atraente no nível individual, comparado com os sacrifícios em templos, normalmente promovidos por funcionários oficiais. Principalmente, o fundamento da cerimônia rabínica revolucionou a relação com os crentes, já que os rituais antigos não exigiam uma fé em dogmas abstratos, e se reduziam somente ao ato do sacrifício ou da oferenda.

Essa é a transição ao que se chama a religião judaica. É necessário distinguir entre a prática de rituais, baseados em sacrifícios de animais e oferendas de produtos agrícolas, e as religiões baseadas em princípios de fé formulados em textos canônicos. Cada um pertence a épocas diferentes e a conjunturas diversas.

Essa é também a época do surgimento da denominação "judeu", que era o praticante das cerimônias, independentemente de ele ser imigrante de Judá ou adepto local.

O surgimento da religião judaica foi contemporâneo ao do cristianismo. Este último não nasceu do judaísmo, porém as duas religiões surgiram em paralelo. Ambas se originaram dos textos do Antigo Testamento, do qual, paralelamente, ambos se distanciaram. Os judeus criaram a literatura rabínica (a Mishná, o Talmud etc.), enquanto os cristãos criaram uma religião separada, graças sobretudo à atividade de Paulo, que, segundo uma tese histórica e controversa, tentou antes disso promover uma reforma interna no judaísmo, sem sucesso.[35]

Paulo foi um reformista prudente, com uma visão global do cenário da época, que procurou se adaptar ao mundo romano, mas não conseguiu convencer os judaítas espalhados nas comunidades que visitou. Seu missionarismo contrastava com o fechamento gradual dos judeus ao redor dos sábios e rabinos, e resultou na ascensão do cristianismo que se espalhou pelo mundo romano, ao contrário do declínio do judaísmo, que se confinou a uma população restrita.

O *GÓI* (GENTIO)

Como mencionado há pouco, durante os séculos I e II d. C., surgiram no Império Romano duas correntes derivadas da religião judaíta: a judaica, baseada na literatura rabínica (a Mishná, o Talmud etc.), e o cristianismo.

---

35. Shlomo Sand, *When and how...*, op. cit., pp. 163–167.

Uma das características mais importantes da Mishná escrita pelos tanaítas é o *status* de Deus no discurso teológico. Se no discurso bíblico Deus tinha uma presença extraordinária e poderosa, na Mishná ele praticamente desaparece.

Os tanaítas construíram uma teologia diametralmente oposta à de Paulo e dos cristãos da época, que aceitavam seguidores justificados pela fé de modo informal, sem insistir no cumprimento integral de normas e obrigações (*mitzvot*), ou de parte delas. Já a Mishná, em lugar de enfatizar a fé, almejava deixá-la em segundo plano; em lugar de reduzir a função das leis e a obrigação de seu cumprimento, ela as prioriza ao extremo.[36]

A estrutura do texto rabínico da Mishná é baseada em discussões infinitas sobre temas relacionados a interpretações da Bíblia e sua tradução em leis religiosas e normas da vida cotidiana, que se denomina *halachá* (cujo significado é: "o caminho que o crente deve seguir"). A espiral incessante das discussões em torno de cada lei faz com que ela tenha, dentro da religião, a mesma presença contínua que Deus tem na teologia paulina. A vida do judeu crente deve então se concentrar na lei e no seu cumprimento, e

> Deus é relegado a uma função referencial entre os parênteses e as citações da Bíblia. [...] Reza-se a Deus, pede-se sua benção, relatam-se seus feitos grandiosos, mas ele está excluído das discussões. A formulação contínua da *halachá* transcorre sem ele".[37]

E prosseguem os autores:

> A autonomia da discussão rabínica que forma a Mishná se expressa também no discurso sobre o gentio (o *gói*). Com a constituição da dicotomia rígida que distingue o judeu do *gói*, aparentemente Deus, que é o terceiro personagem que serve como fonte da distinção do judeu, tanto como razão quanto como objetivo, se torna desnecessário. A Mishná não necessita de Deus para determinar quando se proíbe a relação com o *gói*, ou como deve ser a convivência comum com ele. A ação produtiva da Mishná, isto é, a interpretação e a expansão da lei, e

---

36. Ishay Rosen-Zvi e Adi Ophir, *From a Holy God to a Shabbat Goy – The emergence and persistence of the Jews' Other*. Jerusalém: Carmel, 2021, p. 140.

37. Ishay Rosen-Zvi e Adi Ophir, *From a Holy God to a Shabbat Goy*, op. cit., p. 140.

a inclusão de cada vez mais aspectos da vida sujeitos às leis, regulados e vigiados por elas, como no caso das relações entre o judeu e o *gói* em múltiplas circunstâncias, já não precisa de Deus.[38]

Entre as rezas judaicas, definidas e formuladas pela literatura rabínica, há uma que é enunciada diariamente: "Abençoado seja por não ter me feito *gói*". Evidentemente, aqui se definem duas possibilidades, ser judeu e ser *não judeu*, eliminando qualquer outra categoria, como um estrangeiro que vive entre judeus, ou um não judeu que decidiu se incorporar aos rituais religiosos judeus (nesse caso, definem-se as leis de conversão ao judaísmo de forma rígida, monopolizada pelos próprios rabinos, ou seja, como uma formalidade a ser cumprida e não algo que tenha a ver com a fé). A definição binária é irredutível. Sequer se assemelha à negritude diante do homem branco, pois há diferentes categorias entre os dois, ao contrário da dicotomia absoluta que não deixa margem para qualquer categoria intermediária.

Essa dicotomia segregacionista não existia antes. Os textos bíblicos estão repletos de personagens "não judeus", isto é, "não filhos de Israel" (na narrativa anterior aos reis), "não judaítas" (no reino de Judá), ou "não israelitas" (no reino de Israel). Eles estão presentes como membros da família, como membros de dinastias, como estrangeiros com direitos especiais, como parceiros de rituais religiosos de diferentes divindades, e até como interlocutores em discussões sobre práticas rituais. O rei Davi, que era neto de Ruth, a moabita, e Moisés, que se casou com Tzipora, a midianita, são apenas alguns exemplos. A Bíblia descreve normas que se aplicam a não judeus (denominados *guerim*, que significa forasteiros ou imigrantes), incluindo direitos e obrigações associados às práticas dos rituais, das relações comerciais e da vida social em geral. Havia povos vizinhos que eram "inimigos" e outros que eram "amigos", a depender da história e da memória coletiva. Ou seja, um espectro de diferentes categorias de gentios, cada uma com os seus respectivos atributos.

38. Ibidem, p. 141.

Tudo isso se apaga com a definição binária da Mishná. O *gói* não tem adjetivos ou atributos, nem sequer história, pois se trata de uma definição negativa relacionada à própria existência. A Mishná, em sua apoteótica espiral de leis para cada aspecto da vida, define normas diferentes que se aplicam a detalhes como o uso de ovos chocados antes ou durante uma celebração, o consumo de uma fruta que brota no terceiro ou no quarto ano depois do plantio. Mas entre os gentios não há diferenças ou distinções, ele é o Outro absoluto.

A corrente ortodoxa do judaísmo, que prevaleceu através dos séculos (excluindo a relativamente recente aparição de correntes reformistas), dá à literatura rabínica uma primazia absoluta, que se traduz em práticas ditadas rigorosamente pelas leis (*mitzvot*). Ser um judeu ortodoxo significa cumprir as leis cegamente e ser incessantemente vigiado, sem espaço para qualquer não cumprimento. O poder rabínico sobre os crentes é ilimitado, e suas decisões em situações não contempladas ou previstas (e no mundo moderno há muitas) é incontestável. Para um judeu ortodoxo, o rabino concentra os poderes legislativo, executivo e judiciário em uma só pessoa.

Historicamente, com a dispersão dos judeus dentro e fora de Judá, com a substituição do templo destruído por sinagogas dispersas e dos rituais de sacrifícios pela leitura de textos, os rabinos adquiriram uma função central dentro das comunidades. Desde os anos do domínio romano, quando teve início o declínio do monoteísmo judaíta e o cristianismo começou a se propagar, e principalmente nos turbulentos séculos do cristianismo europeu, quando o antissemitismo floresceu, a ortodoxia judaica (por meio da literatura rabínica) prevaleceu como discurso principal e quase exclusivo, e a religião judaica foi se encolhendo e fechando, após séculos de expansão e crescimento como o monoteísmo aberto na era pré-cristã.

A ORTODOXIA RELIGIOSA DOMINA O ESTADO

O mundo religioso fechado dos judeus continuou a existir por séculos, até a grande mudança que foi a tentativa de emancipação dos judeus, e a busca de sua integração nas sociedades europeias nos séculos XVIII e XIX (o Iluminismo Judaico, ou a Haskalá). Os judeus emancipados passaram por um processo de laicização, mas não abandonaram a fé ortodoxa, seguindo as leis de forma mais pragmática e criando um modo de vida laico sem abandonar a tradição.

O antissemitismo europeu moderno causou decepções em ambas as correntes: os judeus do *shtetl* sempre foram hostilizados por serem diferentes, e os judeus emancipados sempre encontraram um limite que não podiam ultrapassar na sua tentativa de integração social. E muitos judeus de ambas as correntes acabaram se encontrando em uma vida comum no Estado de Israel desde o começo do século XX.

O principal ponto a exigir uma clarificação reside na seguinte questão: por que e como o discurso sobre o *gói* sobreviveu ao longo desses séculos?

Há um espectro de intensidades no protagonismo desse discurso que varia segundo o tempo e o lugar. No *shtetl* judeu da Europa Oriental, sufocado pelo antissemitismo, o fechamento parecia a melhor maneira de preservar o modo de vida comunitário, e foi lá que a autoridade rabínica adquiriu um caráter pastoral, de proteção e direcionamento do "rebanho" (literalmente, como nos casos de imigração coletiva de toda a comunidade para outros lugares). O *gói* era aquele que os perseguia, era o hostil, retroalimentando assim o próprio discurso, e revalidando a discriminação e a segregação.

Já nas comunidades emancipadas, mais cosmopolitas e abertas, a autoridade rabínica desempenhou um papel menos representativo e mais reduzido às práticas religiosas, ao mesmo tempo que as rígidas leis da ortodoxia judaica eram afrouxadas. Mas o discurso do *gói* não desapareceu completamente, preservando-se como uma ferramenta que ajudou a conservar as fronteiras que impediam a dissolução da comunidade na sociedade local (junto com o antissemitismo, é claro). Em outras palavras, moderou-se a relação com o gentio, mas a estrutura do discurso se conservou, pois funcionava como agente de subjetivação defensiva do judeu (mesmo emancipado), que não se livrou completamente de seu dilema de identidade.

Finalmente, para os judeus de Israel, o conflito entre os nacionalismos judeu e árabe adicionou uma camada a mais na percepção do *gói* como o inimigo do Estado.

> Não é por acaso que há um encontro entre o discurso da *halachá* e o discurso nacionalista. O discurso da *halachá* é consensual, e não só em razão de considerações pragmáticas nas coalizões governamentais entre religiosos e "liberais" laicos, cujo nacionalismo preenche um lugar importante em sua autopercepção. Parece que o discurso sobre o *gói* combina, pelo menos na prática, com o que se requer na percepção nacionalista laica: uma posição beligerante contra quem não faz parte do Estado judeu [...] A estrutura binária "nós contra os outros" está disponível, compreendida e fácil de ser utilizada.[39]

O pragmatismo dos judeus emancipados na Europa (que se espalharam pelo mundo), misturado com o desejo autêntico de conservar as tradições milenares e sentir-se parte de um povo perseguido, que sempre espera por um futuro melhor, conservou a estrutura dicotômica do *gói* como o Outro do judeu.

Assim, a tolerância demonstrada pelos judeus diaspóricos que se emanciparam e se integraram à sociedade local em relação ao discurso do *gói* se repete agora na tolerância demonstrada pelos judeus laicos de Israel em relação ao discurso do não judeu "inimigo" (palestino, árabe).

---

39. Ishay Rosen-Zvi e Adi Ophir, *From a Holy God to a Shabbat Goy*, op. cit., p. 168.

A COMBINAÇÃO EXPLOSIVA ENTRE
HALACHÁ E ESTADO

Infelizmente, o encontro entre laicos e religiosos no Estado não se limitou à permissividade do discurso sobre o *gói*, já adaptado à beligerância perante os árabes, e em particular, os palestinos.

A *halachá* sempre ditou as regras em lugares onde judeus eram uma minoria, e para conservar um grau de autonomia comunitária tinham que se submeter às regras do Estado onde viviam. A autonomia das comunidades judaicas se caracterizava pelo sistema educativo (o *cheder*) e pela autoridade rabínica em questões religiosas e práticas cotidianas ditadas pela *halachá*.

Com a criação de Israel, pela primeira vez na história, a ortodoxia religiosa se tornou um partido político, parte do governo de um Estado judeu. Na verdade, são vários partidos, cujas diferenças, ao longo do tempo, foram diminuindo.

Com poderes que só aumentaram no decorrer dos anos, principalmente por causa de uma natalidade notavelmente mais alta que a dos laicos, a ortodoxia religiosa foi se impondo como um dos mais importantes fatores na definição da direção que o Estado tomou.

Uma das facções, os "religiosos sionistas", que até o fim dos anos 1960 tiveram um papel discreto no panorama político do Estado, empreenderam de forma gradual um projeto próprio de povoamento dos territórios ocupados na Guerra de 1967. Ao contrário da tradição ortodoxa, que escolhe não ser ativa na busca da salvação messiânica, baseando-se no profeta Isaías, que diz: "O pequeno se tornará mil, e o menor será uma nação poderosa. Eu sou o Senhor; na hora certa farei que isso aconteça depressa" (Isaías 66:22), os religiosos sionistas optam por um ativismo que "acelere o processo".

Recebendo a bênção (e o apoio concreto) dos governos predominantemente laicos, viram-se como donos e líderes do projeto de colonização dos territórios, que era, a seus próprios olhos, "uma continuação do que não foi completado na guerra de 1948", isto é, na guerra que garantiu a criação e a independência do Estado. Naquele momento, aceitou-se a partilha de territórios com os palestinos, mas provocou-se a tragédia palestina, a Nakba, com a fuga/expulsão de centenas de milhares de palestinos que se tornaram refugiados, sem conseguirem, portanto, criar seu próprio Estado independente.

Sem entrar em detalhes que expliquem o porquê deste despertar colonialista da ortodoxia sionista, esse projeto provocou, desde então, uma crise permanente que dita o destino da região, causando, nos territórios palestinos ocupados, uma ruptura interna na sociedade israelense, e tornando a vida de milhões de palestinos cada vez mais insuportável, numa crise insolúvel com o mundo árabe.

O capítulo IV se dedica a uma análise mais profunda dessa situação. Por ora, interessa entender a metamorfose que este projeto colonialista produziu na ortodoxia judaica.

Para os judeus laicos de Israel (e da diáspora), a percepção do que acontece nos territórios ocupados está relacionada à segurança do Estado. De forma simplista, trata-se de um consenso que permite usar todos os meios que garantam a segurança do Estado, inclusive uma ocupação interminável e um controle rígido da população palestina conquistada. Para a população laica e progressista de Israel, inovadora e pujante, o recalque da opressão aos palestinos é uma constante. É paradoxal exibir uma sociedade aberta usando Tel Aviv como vitrine, e ao mesmo tempo esconder o que se passa no quintal dos fundos.

O mesmo acontece com a maioria dos judeus da diáspora, que, tendo no Estado o foco de orgulho e identificação, se tornaram sujeitos submissos e obedientes, censurando qualquer questionamento referente às políticas do Estado, armados do lema "roupa suja se lava em casa".

Os rabinos, que acumularam um poder ilimitado como parceiros das sucessivas coalizões de governo, são os verdadeiros governantes da população ortodoxa do país. As diferentes correntes ortodoxas desfrutam de uma autonomia inquestionável, principalmente no sistema escolar. É lá que se formam gerações sucessivas de jovens doutrinados pela ideologia nacionalista fundamentalista. De lá, saem os colonos dos territórios ocupados. De lá, saem os soldados que acreditam que cada guerra aproxima os judeus da salvação. De lá, saíram os principais apoiadores da reforma que se tentou levar a cabo para liquidar o sistema judiciário de Israel (de modo a preservar as barbaridades cometidas contra palestinos nos territórios ocupados e permanecer imunes a uma lei enfraquecida). E é também de lá que saiu o assassino do primeiro-ministro Rabin, quando a incitação dos rabinos o convenceu de que um judeu que negocia a paz em troca de territórios do passado bíblico é um inimigo.

A grande maioria da população ortodoxa vê no Estado democrático um inimigo, apesar de ser mantida e sustentada por ele. Os rabinos mais influentes enfatizam as regras da *halachá* referentes à santidade da terra de Israel, e criam novas leis que santificam a integridade dessa terra. E leis, como se sabe, devem ser cumpridas.

É significativo o que disse Galit Distel Atbaryan, uma ex-ministra e deputada da direita, no dia 20 de fevereiro de 2024, no Parlamento israelense:

> Em Israel cresceu uma geração ignorante. O Hamas tem um poder infinito, são orgulhosos de sua morte, de sua pobreza, de seu sofrimento, porque têm Alá. Para nós, os judeus, que nos desligamos das raízes, as nossas crianças já não sabem o que é ser judeu.

Eis aqui uma síntese do novo ideal fundamentalista judeu, que mescla necrofilia e sofrimento, sacrifício e patriotismo. Nada menos do que uma mutação originada da integração tóxica entre religião e Estado.

Há uma parte da população ortodoxa que não aceita o protagonismo dessa corrente, mas ela silencia diante do poder dogmático dos fundamentalistas. Da mesma forma, as correntes reformistas e conservadoras do judaísmo, presentes principalmente no mundo anglo-saxão, são impedidas de participar formalmente das práticas religiosas de Israel, devido ao eterno veto dos ortodoxos (!), e repudiam em sua maioria esse poder fanático. Mas ele parece imbatível e irreversível em Israel.

Por outro lado, uma extrema direita laica, que sempre teve sonhos imperialistas de expansão territorial, viu no cosmopolitismo laico um perigo que corrói o apego à terra pátria. Essa direita e a ortodoxia fundamentalista se aliam constantemente, por afinidade ideológica e por conveniência, na composição do governo contra a própria democracia que as sustenta.

No heterogêneo universo judeu, a territorialização sobre o Estado criou diferentes formas de "ser judeu", bem como transformou as que já existiam. Dois fatores foram decisivos: o Holocausto e o fato de o Estado ter se criado num lugar onde já havia um outro povo. O primeiro se tornou a justificativa inconsciente para a realização do segundo de maneira não conciliatória, gerando a tragédia palestina.

As novas formas de ser judeu refletem esse drama duplo. Entre a vitimização absoluta e a prepotência etnocêntrica, surgiu o judeu fundamentalista. O *gói* passou a ser a bússola, seja como o eterno antissemita ou como o árabe palestino. O judeu progressista que questiona e critica entra na mesma chave do inimigo.

Há dois mil anos o monoteísmo judaíta se globalizou, assim como os próprios judaítas. A ascensão do cristianismo coincidiu com a reformulação da religião judaica, que se fechou para o mundo no cumprimento rígido das leis rabínicas. Esta ortodoxia sobreviveu à emancipação dos judeus europeus e recebeu um protagonismo assustador com a criação do Estado, num messianismo fundamentalista completamente contrário a outra vertente messiânica presente na tradição.

Messianismos heréticos

O messianismo judaico de caráter espiritual ou libertário encontrou expressões diferentes em três autores do século xx, tal como postulou, entre outros, Stephane Mosès, em *L'Ange de l'Histoire*. São eles Franz Rosenzweig, Walter Benjamin e Gershom Scholem. Uma crítica comum os atravessa em relação à concepção predominante de tempo, contínuo, encadeado, progressivo.

> À visão otimista de uma história concebida como uma marcha permanente em direção à realização final da humanidade, eles opõem, cada um segundo sua modalidade própria, a ideia de uma história descontínua cujos diferentes momentos não se deixam totalizar, e cujas crises, rupturas e lacerações são mais significativas – e sem dúvida mais promissoras – do que sua aparente homogeneidade.[1]

O horizonte histórico dos autores é a Primeira Guerra Mundial e a ruptura que ela representa. Para um, era o fim da ideia de uma civilização baseada numa ordem racional (Rosenzweig), para o outro, é o desmoronamento de um mundo regulado pela tradição e pela transmissão de um tesouro imemorial de experiências históricas (Benjamin), e para o terceiro, simplesmente a morte da Europa (Scholem).

A ideia de um progresso racional, numa continuidade de sentido, é posta em xeque pelo sofrimento incomensurável advindo da guerra. Restava pensar uma outra temporalidade, a da ruptura, a do instante, a das bifurcações possíveis a partir dos presentes. É o que Mosès denomina "passagem de um tempo da necessidade para um *tempo dos possíveis*".[2] Para que esse tempo fosse liberado de qualquer teleologia, era preciso que cada presente recuperasse sua autonomia, como se verá mais adiante.

1. Stephane Mosès, *L'Ange de l'Histoire: Rosenzweig, Benjamin, Scholem*. Paris: Gallimard, 2006, p. 28, no qual nos inspiramos para as próximas páginas.
2. Ibid., p. 30.

Ora, nossos autores viveram parte das tragédias do século xx. A Primeira Guerra Mundial, para um, a ruína da República de Weimar e a progressiva ascensão do nazismo e do antissemitismo, para os outros. O fato é que o colapso da civilização ocidental saltou aos olhos, como o viram tantos que sobreviveram ao Holocausto, como Hannah Arendt, Adorno, Horkheimer, entre outros. A centralidade do Holocausto na história daquele século não tem a ver com os judeus apenas, mas com o sistema que conduziu ao genocídio.[3] Que alguns que viveram na pele essa situação, como perseguidos, foragidos, sobreviventes ou suicidas, possam ter sobre essa catástrofe uma visão mais aguçada decorre talvez, precisamente, de que a voz dos vencidos permite enxergar a batalha como que de dentro, ou ao menos de um ângulo distante da versão dos vencedores. É todo o problema do testemunho de que trata Agamben em *O que resta de Auschwitz*. Quem pode testemunhar, já que a testemunha maior é aquela cuja voz não se ouve mais? Tudo isso para dizer que uma geração de judeus que viveu no corpo a catástrofe tem algo valioso a dizer sobre ela, sem transformá-la em objeto de culto, celebração, espetacularização, autovitimização, escudo ideológico e outras tantas operações de capitalização política, tal como mostramos no capítulo i.

Curiosamente, porém, entre os autores mencionados aqui, o fim da crença num sentido da história não acarretou um catastrofismo, mas, ao contrário, a confiança no advento possível de uma Redenção, isto é, de uma irrupção. Para alguns, a utopia foi pensada como irrupção incerta, e não como realização progressiva de um ideal pré-desenhado. É o que faz desse pensamento um desafio extremo, dada a recusa de um otimismo hegeliano ou marxista sobre o curso inevitável da história, de um lado, e a melancolia catastrofista, de outro.

---

3. É a tese de Enzo Traverso, para quem a leitura exclusiva pelo prisma do Holocausto constitui um empecilho à compreensão histórica do nazismo como parte da história colonial e imperialista europeia. Ver Enzo Traverso, *The End of the Jewish Modernity*, trad. ing. David Fernbach. Londres: Pluto Press, 2016.

Isso é tanto mais interessante quando se entende a que ponto o messianismo judaico, como diz Mosès, sempre teve que se confrontar com a decepção e a frustração.

> De modo geral, todas as tentativas escatológicas que a história judaica conheceu terminaram na amargura e na frustração. Por isso o messianismo judaico sempre se esforçou em relativizar o acento sobre as virtualidades utópicas da *história secreta*: a dos engendramentos e gerações, aquela ainda mais oculta, das almas e de suas aventuras espirituais, e as que contêm cada instante, mesmo o mais humilde. A esperança judaica – simbolizada aqui pelo Anjo da História – não esposa as etapas de uma finalidade histórica, mas vem se alojar nos rasgos da história, ali onde suas malhas se desfazem e deixam a nu os milhares de fios que formam seu tecido.[4]

Dizíamos acima que o abandono de qualquer teleologia implicava uma revalorização do presente – ou pelo menos de um certo presente. A autonomia do presente significa que não cabe ao final da história julgar uma ação conforme seu sucesso, já que cada ação tem seu valor ético intrínseco. Ao comentar a perspectiva benjaminiana, o autor lembra que os empreendimentos humanos podem ter um valor messiânico eminente, mesmo quando parecem ter fracassado ou se apagado. Tudo o que foi tentado no passado, mesmo tendo sido derrotado, carrega uma aura messiânica que irradia em nosso presente. O autor conclui que não é a história que julga as ações humanas, são elas que julgam a história.

Com esses poucos elementos, já podemos abordar essa linhagem de pensadores que, ao colocarem em xeque a perspectiva teleológica de certa modernidade, ao atravessarem algumas das catástrofes do século xx na qualidade de judeus, e ao recorrerem a certos elementos da tradição judaica, lançaram este pensamento em direção à nossa atualidade.

Nossa insistência em acolher aqui essas vozes tem uma motivação clara. O esforço em problematizar a etnocracia que vai tomando conta de Israel em nome do judaísmo só pode ter sentido se conseguirmos, como dizíamos em outra parte, separar o joio do trigo,

---

4. Stéphane Mosès, *L'Ange de l'Histoire*, op. cit., p. 33.

reter dessa tradição o que respira e deixa respirar, o que bifurca de um particularismo autocentrado e se expande da esfera étnica para a dimensão ética, resistindo assim à escalada supremacista.

FRANZ ROSENZWEIG E A IRRUPÇÃO DA ALTERIDADE

Nos três autores mencionados, podemos detectar uma crítica aguda à civilização europeia, bem como à busca de novos sistemas de valor. Na condição de judeus, embora de famílias assimiladas, uma certa distância em relação ao entorno lhes permite uma perspectiva de repulsa diante do conformismo pequeno-burguês, a depauperação espiritual, o nacionalismo e o autoritarismo, fenômenos que a Primeira Guerra veio aprofundar. Como dissemos, cada um deles foi numa direção diferente após o traumatismo proveniente da carnificina bélica, inclusive na sua relação com o judaísmo. Rosenzweig, que morreu em 1929, estudioso de Hegel, reencontrou na tradição judaica um contraponto à filosofia da história. Como se sabe, Hegel havia retomado a noção de povo eleito, sublinhando a que ponto cada período histórico tem o povo que naquele momento se incumbe de disseminar entre os demais a evolução do Espírito, até a culminação na realização do Espírito Absoluto. O Império do Oriente, a Grécia, Roma, a França da Revolução, a Europa cristã – isto é, o Império Germânico –, eis a marcha da história, que progride em direção ao universal. Não espanta que deixe de lado os judeus, e que eles mesmos tenham se colocado fora da história. Ora, é justamente o que Rosenzweig valoriza, ao notar como essa espécie de arcaísmo judaico o preserva da totalização e da secularização que tudo abocanha.

O povo eleito, então, tem em sua pena um sentido não etnocêntrico, porém ético. É o povo que se subtrai ao determinismo da história para viver, por antecipação, a utopia da Redenção. Trata-se da fidelidade a um outro tipo de história, longe, em todo caso, das místicas nacionais em nome das quais os Estados europeus se enfrentam em suas guerras.

Qual é então essa singularidade que o povo judeu encarna e preserva, tão avesso à marcha da história? Redenção não designa a relação entre Deus e o homem, nem entre Deus e o mundo, mas entre o homem e o mundo. A primeira exigência é o uso do pronome no plural – é uma categoria da experiência coletiva. A segunda é o tempo no futuro – uma vida sob o modo da espera. O desafio está em não se submeter ao tempo linear, contínuo e irreversível do processo histórico, já que é preciso pensar a ruptura violenta do *continuum* temporal e a irrupção, no coração do tempo, de uma alteridade extrema, de uma experiência radicalmente diferente. É a expectativa de que o mundo poderia ser regenerado a qualquer momento, em qualquer "aqui e agora" – eis a essência da esperança. Essa "impaciência messiânica" é a que define, para Rosenzweig, a relação com o porvir e com a visão de que chegará o dia em que o sofrimento dos homens há de cessar. Uma coisa é o infinito qualitativo embutido nessa irrupção, mais próximo até do sublime kantiano, outra coisa é o infinito quantitativo estendido ao longo da história no modo progressivo, cumulativo, finalizado.

Seria preciso, portanto, uma outra concepção de tempo, ou melhor, de sua suspensão. Onde o porvir mais distante apareça na fulguração do instante. Por conseguinte, a suspensão é ao mesmo tempo aceleração, ou mesmo contração, de modo que a diacronia cede o passo a uma espécie de sincronia pela qual o "hoje" deixa de ser uma passarela para o amanhã, como diz o autor ao cunhá-lo como *presente-passarela*, momento transitório de uma continuidade homogênea, para tornar-se o *presente-trampolim*, que nos projeta para uma realidade outra. Abrir "uma brecha no tempo pela qual pode irromper o absolutamente novo".[5]

GERSHOM SCHOLEM E A CABALA

Gershom Scholem desde cedo buscou na Cabala um tipo de racionalidade diferente daquela oferecida pelo Ocidente. Seu esforço

---

5. Gilles Deleuze, *Diferença e repetição*, op. cit., p. 130.

consistiu em fazer um estudo histórico da Cabala e, ao mesmo tempo, mergulhar nela. Não é óbvio conciliar a distância do historiador e a imersão no seu objeto de estudo. O duplo desafio: não dissolver a Cabala na análise histórica, mas tampouco se deixar absorver pela Cabala a ponto de desprezar sua historicidade. É apenas atendo-se aos deslocamentos ínfimos da história que se poderá, diz ele, "atravessar a muralha de neblina". Em 1945, publica "The Idea of Redemption in the Kabbalah", e em 1959 aparece "Toward an Understanding of the Messianic Idea in Judaism", temas que começaram a preocupá-lo desde que, em 1923, emigrou para a Palestina.

A ideia de messianismo, para Scholem, está intimamente ligada à experiência do fracasso.[6] Para ele, o messianismo nasce sempre de uma frustração histórica na tentativa de reparar uma perda, compensar uma infelicidade atual. Isso já era verdadeiro no caso dos profetas, que surgiram em momentos de desmoronamento do reino de Judá, exílio babilônico, destruição do Segundo Templo, ou mesmo no caso do autodeclarado Messias no século XVI, no rastro da Inquisição, Shabetai Tzvi. Mosès se pergunta se o interesse de Scholem a respeito não teria a ver com a dupla tragédia que enfrentavam os judeus de seu tempo, o Holocausto, por um lado, e o modo pelo qual o sionismo estaria traindo a dimensão utópica em nome da qual se constituiu, por outro. A tragédia, neste caso, consistiria na transformação da mística em política. Mais concretamente, Scholem era partidário de um sionismo espiritual. Ele percebe, com os anos, que uma *realpolitik* predomina no projeto sionista, e que o modo pelo qual o jovem país lida com as reivindicações dos árabes da Palestina vai na contramão de toda utopia.

Pois o messianismo, por definição, é essencialmente uma busca do impossível. O que se trata de alcançar não pode ser oferecido por nenhuma realidade do mundo histórico. Nesse sentido, tem algo a ver com a definição do Messias repetida pelo cientista e pensador Yeshayahu Leibowitz, uma das vozes mais contundentes no panorama contestatório israelense: o Messias é

---

6. Gilles Deleuze, *Diferença e repetição*, op. cit., p. 271.

aquele que virá. Ora, qualquer um que se apresente como Messias já não pode ser legítimo, pois traiu a cláusula do porvir. No messianismo judaico, espera-se a todo minuto uma reviravolta radical da vida na terra, e, sempre que ela é anunciada, acaba se revelando ilusória. Para Scholem, a espera repugna a impaciência ou o voluntarismo. A aspiração pelo absolutamente novo é sempre renovada, porque ele pode irromper a todo instante: a Redenção é sempre iminente. A grandeza e a fraqueza do messianismo consistem justamente nessa oscilação entre a iminência e a desilusão. Deve-se à exigência da espera, em todo caso, a recusa em investir a história. Embora herdeiro do messianismo, o sionismo é também sua traição laica. Pois entregar-se à lógica do político – no caso, do interesse nacional – é abandonar a dimensão espiritual, ética e universal. Trata-se de uma degradação da mística em política. Não significa de modo algum que o impossível, o absolutamente novo, o que pode irromper, seja de outro mundo – ele implica a transformação deste mundo.

A Redenção pode dar-se em dois modos distintos: o de uma *restauração* ou de uma *utopia* – em direção a um passado pleno e perdido, ou rumo a um porvir radicalmente novo. O mais paradoxal é que entre as duas direções há uma correspondência e ressonância.

Se pensamos em chave messiânica, surge a pergunta que Mosès destaca: a Revolução radical sucede como fruto de um progresso infinito ou sob o modo da súbita irrupção? O Messias chegará no final dos tempos ou de maneira repentina, no meio dele?

> Nas fontes clássicas antigas, não há relação alguma entre o messianismo e o progresso. [...] A Redenção [é ali concebida] como um novo estado do mundo, sem medida comum com o que o precedeu. A Redenção [não é a consequência] de uma evolução contínua do estado anterior do mundo. [...] Ela deve se produzir na sequência de uma reviravolta geral, de uma revolução universal, de catástrofes, de calamidades inauditas, em virtude das quais a história deve desmoronar e apagar-se.[7]

---

7. Gershom Scholem, *Les grands courants de la mystique juive*, trad. fr. Marie-Madeleine Davy. Paris: Payot, 2004, p. 78.

Essa dimensão apocalíptica da Redenção se contrapõe ao otimismo progressivo do Iluminismo.

Resta saber a que ponto está ao alcance dos homens provocar ou favorecer o advento do Messias. Se existe uma cisão entre a história e a meta-história, entre o processo e a ruptura, se não há determinismo nem causalidade cega, é também porque há o aleatório, o casual, e a cada vez uma espécie de seleção dos possíveis a partir de uma liberdade humana. Digamos que há incessantes bifurcações, e a cada uma delas um novo leque de possibilidades surge, e assim sucessivamente. A cada evento milagroso mencionado, outros se tornam possíveis. Mas nenhum dos novos possíveis tem por causa o anterior – este é apenas uma condição necessária, porém não suficiente. Estranha sucessão, repleta de aleatoriedade, seleções, bifurcações, que rompem com qualquer linearidade ou teleologia.

ISAAC LURIA: CRIAÇÃO E REDENÇÃO

A essa altura, vale introduzir um personagem valorizado pela pesquisa de Scholem e que impressionou Benjamin. Como tantos místicos desprezados pelo rabinato tradicional, Isaac Luria, que viveu no século XVI, tinha uma dimensão fundamentalmente herética.[8] As ideias de Criação, Revelação, Redenção possuíam para ele um significado secreto. Assim, por trás do Deus conhecido, há um Deus desconhecido. Para se aproximar dele, ou ao menos de suas virtudes, cabe contemplar os dez atributos divinos, que são suas emanações (*Sefirot*) – cada uma delas corresponde a um aspecto: Sabedoria, Entendimento, Amor, Força, Beleza, Eternidade, Misericórdia etc.

Mas há uma pergunta que precede esse desafio contemplativo. Como se criou o mundo? Se Deus estivesse por toda parte, como poderia surgir um universo? Foi preciso "dar lugar" a ele. Ou seja, o primeiro ato do *Ein Sof*, do Ser infinito, foi uma

---

8. Gershom Scholem, *Les grands courants de la mystique juive*, op. cit., p. 78.

contração, um recolhimento de sua divina presença num único ponto – *Tzimtzum*. Portanto, a Criação não terá sido produto da onipotência divina, mas fruto de seu recuo, reclusão, solidão, autoexílio. O Todo-Poderoso precisou "desaparecer" para que adviesse um mundo. Maurice Blanchot viu nessa retração a possibilidade de se pensar a criação (inclusive literária) a partir de um *impoder*, ou de uma *impotência*, associáveis com a morte do autor ou o fim do sujeito. Difícil não associar esse pensamento com certa relação de abstinência analítica. E, mais geralmente, com uma ética que coloca a alteridade em primeiro plano. Não é a voz tonitruante do poder que engendra o mundo, mas o silêncio discreto, que se limita a si mesmo a fim de dar espaço.

Mesmo contraída, da presença divina emana alguma luz, da qual hão de advir as várias figuras do mundo, a começar pelo primeiro homem (*Adam Kadmon*). Seguindo o plano divino inicial, os seres devem ter formas finitas, cada qual com seu lugar assinalado. Mas para serem engendrados, é preciso que os vasos ou recipientes, especialmente destinados a conter a luz divina, a preservem. Os três vasos relativos às esferas superiores teriam conseguido conter sua luz e engendraram os seres correspondentes. Mas nas outras esferas, a luz divina forte demais teriam rompido os vasos, que se fizeram em pedaços. É dessa catástrofe que decorreria a deficiência inerente a tudo que existe. Foi a partir daí que os mundos infernais do mal se teriam irrompido, pedindo uma intervenção corretiva: *Tikun*, restauração. A restauração consistiria na reunião das luzes de Deus espalhadas por todo lado: reintegração, recomposição do mundo. Esta é a parte principal do sistema teosófico, teórico e prático de Luria.[9]

É onde reencontramos a figura do Messias. Ele seria a consumação do *Tikun*. Essa Redenção é de ordem mística, mais do que nacional ou histórica, ainda que a redenção de Israel acarrete a redenção de todas as coisas. Em todo caso, o elemento místico e o messiânico se cruzam. Nele, o começo e o fim ressoam. Não

9. Ibid., p. 392.

por acaso, o exílio da luz de Deus e o exílio concreto e histórico do povo disperso se conectam. Scholem considera que a Cabala de Luria[10] constitui uma interpretação mística do Exílio e da Redenção, e o *Tikun* o modo pelo qual se pode interromper o exílio histórico do povo de Israel e o exílio interior do mundo.[11]

Assim, o messianismo judaico é, apesar de toda sua dimensão secreta, espera incansável da realização messiânica no palco do mundo, na história, na ordem temporal. Em contrapartida, o messianismo cristão vai no sentido de uma interioridade, de modo que a Redenção diz respeito a uma comunidade de homens misteriosamente redimidos vivendo no interior de um mundo não redimido.[12]

No messianismo judaico, a dimensão escatológica está sempre presente. Mas isso requer que se remonte ao começo da Criação, ao processo pelo qual emanamos de Deus. Há aí algo do neoplatonismo, onde a "processão e o retorno formam em conjunto um movimento simples, o da diástole-sístole, que é a vida do universo".[13] A cosmogonia e a escatologia são, nas duas pontas, maneiras de escapar à história, pelo menos aparentemente. Pois no fundo, a relação entre a Cabala e a história se dá num outro plano – equivalente, talvez, à diferença entre o mundo de cima e o de baixo, o oculto e o visível, dois aspectos do mesmo ato. Uma espécie de panteísmo se insinua e ameaça o conjunto, tal como se realizou em Espinosa, e para evitá-lo era preciso se lembrar da Queda que separou, por assim dizer, Deus do Mundo. Exiladas de sua paisagem de origem, as almas tratam de subtrair-se à sua alienação, tentando resgatar o plano inicial da Criação.

Exílio e Redenção, eis a chave secreta da humanidade. Não há como não associar essa visão à história judaica, nesse vaivém entre a catástrofe e a aspiração pela reviravolta:

10. Alguns desses temas se encontram em Sybil Safdie Douek, *Memória e exílio*. São Paulo: Ed. Escuta, 2003.

11. Alguns desses temas se encontram em Sybil Safdie Douek, *Memória e exílio*. São Paulo: Escuta, 2003.

12. Gershom Scholem, *Le messianism juif*. Paris: Les belles lettres, 2020, p. 24.

13. E. R. Dodds, em seu comentário sobre Proclus, *Elements of Theology* (Oxford: Oxford University Press, 1933) apud Gershom Scholem, *Le messianism juif*, op. cit., p. 219.

houve no mundo judaico expectativas messiânicas intensas, em particular no judaísmo medieval [...] elas sempre tiveram uma ligação muito estreita com as correntes apocalípticas [...]. É evidente que o messianismo não surgiu como a revelação abstrata da esperança da redenção, mas sob influência de circunstâncias históricas muito determinadas.[14]

Não deixa de aparecer, em Scholem, certo niilismo, ou melhor, uma constatação do niilismo do mundo moderno, de onde Deus teria se retirado. Claro que, em sua perspectiva, quanto menos visível ele é, tanto mais se faz presente. Kafka seria aquele que mais agudamente teria abordado seus vestígios, e que tematizou a dificuldade em interpretá-los.

WALTER BENJAMIN E A INTERRUPÇÃO DA HISTÓRIA

É chegado o momento de tratar do mais importante entre os três pensadores mencionados no início, de nosso ponto de vista – a saber, aquele que, inspirado parcialmente na tradição messiânica judaica, conectou-a de modo mais agudo com a catástrofe do presente e lhe conferiu uma dimensão política –, Walter Benjamin.

Comecemos pelo último texto escrito por ele, "Sobre o conceito de história",[15] redigido durante o inverno de 1939-40, às vésperas portanto da ocupação de Paris pelos alemães, quando o governo de Vichy já prometera entregar os refugiados judeus alemães aos nazistas. Benjamin consegue fugir da cidade, mas não chega a atravessar a fronteira com a Espanha, e se suicida ali perto, em Portbou.

Jeanne Marie Gagnebin se pergunta a que necessidade responde Benjamin ao recorrer à teologia. Não provém isso da situação de urgência que preside à redação das *Teses*, para além até do risco pessoal?

> O pacto de não agressão entre Stalin e Hitler em agosto de 1939 representa o coroamento catastrófico de uma incapacidade teórica e política dos partidos de esquerda opostos ao fascismo: incapacidade de pensar o

14. Gershom Scholem, *Le messianism juif*, op. cit., p. 27.
15. Walter Benjamin, "Sobre o conceito de história". In: Michael Löwy (org.), *Aviso de incêndio. Uma leitura das teses "Sobre o conceito de história"*, trad. bras. Wanda Nogueira Caldeira Brant, Jeanne Marie Gagnebin e Marcos Lutz Müller. São Paulo: Boitempo, 2005.

tempo da história de maneira não determinista, de pensar de maneira inovadora a intervenção revolucionária. Situação de impasse onde o recurso aos motivos teológicos indica a necessidade de um pensamento da alteridade para apreender melhor a dinâmica possível do profano. A teologia não interviria, pois, como uma espécie de reservatório último de certezas irracionais, mas como o modelo de uma apreensão do tempo humano.[16]

Como escapar às armadilhas do determinismo ou da história universal, privilegiando uma outra apreensão do tempo, a fim de poder agir politicamente no presente? A exigência, portanto, é ética e política.

A esperança messiânica, porém, não deve ser concebida como uma visada em direção a uma utopia a ser realizada no final dos tempos, mas como uma "extrema vigilância, uma capacidade de detectar o que, a cada instante, deixa entrever a *energia revolucionária do novo*".[17] Claro que o sentido do novo deveria aqui ser problematizado, pois ele se opõe inteiramente ao regime da novidade capitalista que torna tudo caduco e descartável a todo momento, e que no fundo não passa de um eterno retorno do mesmo. Mais profundamente, é a causalidade histórica, o determinismo, a ideia de progresso que são aqui colocados em xeque, a partir de uma visão teológica na qual se trata de perscrutar no passado as centelhas de esperança, que são como que as "centelhas do tempo messiânico".

A partir da interrupção do fluxo da história, é a articulação entre passado e presente que vem à tona segundo uma perspectiva política, redentora, messiânica. Trata-se, para o historiador, de descobrir "o signo de uma chance revolucionária no combate pelo passado oprimido".[18]

O lugar da teologia não é o de um além inacessível, mas a imanência terrestre, lembra Gagnebin. Por isso, se a história

---

16. Jeanne Marie Gagnebin, "De la remémoration du passé: pour une lecture des thèses "Sur le concept d'histoire" de Walter Benjamin". In: Cristophe Bouton e Barbara Stiegler (orgs.), *L'experience du passé – Histoire, philosophie, politique*. Paris: Éditions de l'eclat, 2018, versão modificada do texto "Über den Begriff der Geschichte". In: Burkhardt Lindner (org.), *Benjamin Handbuch*. Stuttgart: J. B. Metzler, 2006, pp. 284–300.

17. Stéphane Mosès, *L'Ange de l'Histoire*, op. cit., p. 217.

18. Walter Benjamin, *Œuvres*, vol. III. Paris: Gallimard, 2000, p. 441.

deve ser compreendida teologicamente, ela não pode ser escrita em termos teológicos, mas deve sê-lo em termos políticos. Entre a teologia e o materialismo histórico há todo um jogo tenso, e não cabe decidir quem ganha – não se trata de

> decretar se Benjamin é um autêntico rabino que se exerce na solidariedade comunista ou um verdadeiro materialista que utilizaria *metáforas teológicas* [...] O que importa é discernir *por que* Benjamin recorre a conceitos e figuras teológicas em sua tentativa de pensar uma historiografia crítica e uma prática revolucionária que não repousam nem sobre os pressupostos deterministas de uma doutrina dita *progressista*, nem sobre a continuidade da história dominante.[19]

Uma das observações sutis da autora é que Benjamin mobilizou a teologia no profano de maneira tão imanente que ela se tornou anônima, invisível. Daí o lugar do anão corcunda no jogo de xadrez que Benjamin imagina na primeira de suas *Teses*.[20] E outra, todavia mais esclarecedora: o Messias virá quando não for mais necessário, quando o mundo já não será nem sagrado, nem profano – mas estará liberado dessa separação. Donde uma conclusão sobre o sentido, para Benjamin, da Redenção – *Erlösung*. Não se trata de uma *Aufhebung* nem de uma salvação, mas de uma *dissolução*. "Se a redenção libera, é porque ela destrói e dissolve, não porque ela mantém e conserva", comenta

---

19. Jeanne Marie Gagnebin, "De la remémoration du passé...", op. cit., p. 171.

20. "Como se sabe, deve ter havido um autômato, construído de tal maneira que, a cada jogada de um enxadrista, ele respondia com um contragolpe que lhe assegurava a vitória da partida. Diante do tabuleiro, que repousava sobre uma ampla mesa, sentava-se um boneco em trajes turcos, com um narguilé à boca. Um sistema de espelhos despertava a ilusão de que essa mesa de todos os lados era transparente. Na verdade, um anão corcunda, mestre no jogo de xadrez, estava sentado dentro dela e conduzia, por fios, a mão do boneco. Pode-se imaginar na filosofia uma contrapartida dessa aparelhagem. O boneco chamado *materialismo histórico* deve ganhar sempre. Ele pode medir-se, sem mais, com qualquer adversário, desde que tome a seu serviço a teologia, que, hoje, sabidamente, é pequena e feia e que, de toda maneira, não deve se deixar ver." (Walter Benjamin, "Sobre o conceito de história", op. cit., p. 41).

Gagnebin.[21] A diferença entre o histórico e o messiânico se desfaz em favor de uma experiência do tempo intensa, que retoma a imagem do passado no presente, transfigurando-o.

Mosès sugere ler a experiência do tempo em Benjamin à luz das *Confissões* de Agostinho: "O presente do passado é a memória; o presente do presente é a visão; o presente do futuro é a espera".[22] Mas, comenta ele, em Benjamin todas essas noções devem receber um sentido histórico. A memória é a que evoca a lembrança das gerações passadas; a espera é a da salvação coletiva da humanidade; a visão é uma qualidade profética que diz respeito à intuição política do presente. Como ler no fundo de nosso presente o traço de um passado esquecido ou reprimido? Trata-se do parentesco entre o que vivemos no presente e as lutas e sofrimentos das gerações que nos precederam. Salvar o passado, não o reencontrar. Isso significa "arrancá-lo do conformismo que, a cada momento, ameaça fazer-lhe violência".[23] Somos responsáveis pelo passado, e essa responsabilidade consiste em desafiar a história dos vencedores.

Na outra ponta, a visão do futuro. Em Benjamin, o futuro não é o que resulta do progresso, conforme uma concepção de tempo homogêneo, linear, teleológico, como já assinalado. Cada instante do tempo é autônomo, e contém uma luta entre a repetição do mesmo e o absolutamente novo. O "historiador materialista" trata de liberar a parte de novidade absoluta embutida em cada instante do passado. É isto a Redenção. Ela não está situada no final dos tempos, mas pode advir a qualquer momento. Se cada instante é singular, a todo momento há chance de uma mudança imprevista e uma reordenação do mundo. Conforme a tradição messiânica, a utopia surge no coração do presente, e não no final dos tempos.

Mas por que tal oposição à crença no progresso? Entre outras coisas porque ele já é Catástrofe. A Catástrofe, diz Ben-

---

21. Jeanne Marie Gagnebin, "Teologia e messianismo no pensamento de Walter Benjamin". *Estudos Avançados*, v. 13, n. 37, 1999, p. 198.

22. Stéphane Mosès, *L'Ange de l'Histoire*, op. cit., p. 208.

23. Walter Benjamin, op. cit. I, 2, p. 695 apud Stéphane Mosès, *L'Ange de l'Histoire*, op. cit., p. 209.

jamin, consiste em que as coisas continuem como antes. Daí a atenção dada à diferença qualitativa de cada instante, em sua singularidade, da qual cabe arrancar a carga explosiva – é esta *"fraca* força messiânica"* que nos está reservada.

Contra um tempo linear ou cíclico, o "tempo de agora", *Jetszeit*. É ele que institui um tempo não diacrônico, em que se dá uma nova chance ao que fracassou no passado, ao que perdeu a esperança de vingar, ao que foi esquecido ou recalcado.

No seu último pensamento, Benjamin encontra na rememoração, que é o contrário da comemoração, o elemento pelo qual se pode "transformar" o passado, não apenas completando o que estava inacabado, mas transformando o que estava acabado (o sofrimento). Trata-se do efeito retroativo do presente sobre o passado, e da atividade humana que desafia o caráter irreversível do tempo. Ou, como o diz Gagnebin, a rememoração permite uma relação outra com a história que não a análise científica do tempo revolvido – ela permite detectar, mesmo sob as ruínas, o que Benjamin nomeia "a centelha da esperança, o índice do que poderia ter sido diferente e testemunha dessa alteridade".[24]

Mas assim como nada do passado deve ser esquecido ou sacrificado, porquanto não está congelado, nada do futuro está predeterminado, portanto não é inevitável. Transformação do passado e aparecimento do novo vão juntos. A Redenção como um modo de viver o futuro no seio do presente: "na representação da felicidade vibra conjuntamente, inalienável, a [representação] da redenção", diz a segunda das *Teses*.[25] Ou então, como consta na penúltima: "Como se sabe, era vedado aos judeus perscrutar o futuro. A Torá e a oração, em contrapartida, os iniciavam na rememoração. Essa lhes desencantava o futuro, ao qual sucumbiram os que buscavam

---

24. Jeanne Marie Gagnebin, "De la remémoration du passé...", op. cit., p. 170.
25. Walter Benjamin, "Sobre o conceito...". In: Michael Löwy (org.), Aviso de incêndio, op. cit., p. 48.

informações junto aos adivinhos. Mas nem por isso tornou-se para os judeus um tempo homogêneo e vazio. Pois nele cada segundo era a porta estreita pela qual podia entrar o Messias".[26]

AFINIDADES ELETIVAS

Michael Löwy fez um estudo abrangente dessa geração em que o messianismo judaico se encontra com a utopia libertária.[27] Ele formula com precisão o paradoxo desse encontro: "o etnocentrismo cultural da religião judaica está nas antípodas do universalismo militante das utopias revolucionárias".[28] É a partir dessa tensão que o autor analisa a originalidade de uma geração marcada pelo que Lukács chamou de romantismo anticapitalista. É uma corrente que escapa aos critérios simplórios de esquerda/direita, progressista/conservador.

> Trata-se de uma tendência em que se combinam e associam de maneira inextricável a nostalgia do passado pré-capitalista (real ou imaginário, próximo ou longínquo) e a esperança revolucionária num novo porvir, a *restauração* e a *utopia*.[29]

Obviamente, é o progresso vertiginoso do capitalismo na Alemanha que oferece o pano de fundo para essa reação cultural anticapitalista, numa tentativa de *reencantamento do mundo* para a qual o recurso a certas fontes religiosas permite escapar ao materialismo raso que toma conta das relações sociais. É nesse contexto que se forma uma intelectualidade judaica em ruptura com seu meio de origem burguês.

A predominância urbana e assimilacionista dos judeus da Europa Central e a identificação profunda com a cultura alemã não bastaram para livrar a burguesia judaica da condição de

26. Walter Benjamin, "Sobre o conceito...". In: Michael Löwy (org.), Aviso de incêndio, op. cit., p. 142.
27. Michael Löwy. *Redenção e utopia: o judaísmo libertário na Europa Central (um estudo de afinidade eletiva)*, trad. bras. Paulo Neves. São Paulo: Companhia das Letras, 1989.
28. Ibid., p. 19.
29. Michael Löwy. *Redenção e utopia*, op. cit., p. 26.

párias. Barrada pelas travas impostas pelo antissemitismo em várias carreiras institucionais ligadas ao Estado, os estudos universitários aparecem às famílias como uma via privilegiada de ascensão. Max Weber chamou a essa condição de "privilégios negativos", em que o fechamento de certas vias abre o caminho para o mercado de trabalho intelectual marginal.

Michael Löwy nota, contudo, que essa chave sociológica é incapaz de explicar a formação dessa geração. Muitos outros aspectos entram em jogo, desde o nacionalismo militarista e autoritário vigente até as correntes revolucionárias que atravessam vários países da região desde o final do século XIX até os anos 1920, na Rússia, Alemanha e Império Austro-Húngaro.

O autor mostra o caráter extremamente heterogêneo desse grupo, composto por poetas, líderes revolucionários, teólogos, comissários do povo, escritores, filósofos, que têm em comum a mencionada sensibilidade espiritual e libertária, chamados por uma missão de redenção do mundo, representando um *messias coletivo*.

Nessa relação com a tradição judaica, as diferenças entre a Europa Ocidental, Central e Oriental são marcantes. Em poucas palavras, desde a Revolução Francesa, a emancipação dos judeus favoreceu sua ascensão social na França, seu aburguesamento e seu conformismo. Eram cidadãos franceses de fé mosaica. Já na Alemanha, Áustria e Hungria, não se sentiam cobrados em se desfazer da tradição espiritual judaica, que de algum modo compunha-se com certo romantismo político presente na cultura alemã. Inteiramente distinta era a condição dos judeus do leste, submetidos a uma opressão brutal, condições sociais precárias, que precisavam rejeitar em bloco o *shtetl*, a vida comunitária tradicional, qualquer resquício de fé, espiritualidade ou misticismo para se abrirem ao mundo, e encontraram na fermentação revolucionária a única saída, apesar das variações de coloração na composição com a vertente sionista.

Dos vários personagens apresentados pelo autor, entre os quais estão Ronsenzweig, Scholem e Benjamin, abordados no início de nosso capítulo, cabe ressaltar a figura de Gustav Landauer.

Em abril de 1919, ele se torna Comissário do Povo para Assuntos Culturais na República dos Conselhos da Baviera, e é assassinado pouco depois da derrota da revolução em Munique. Nos arquivos Landauer, em Jerusalém, Löwy encontra um material riquíssimo que permite refazer a trajetória intelectual e militante desse leitor de Hölderlin e Nietzsche, Rousseau e Tolstói, Münzer, Proudhon, Kropotkin, Bakunin, Walt Whitman, Mestre Eckhart, Espinosa, para não falar de Martin Buber, seu amigo pessoal.

Ateu místico, seu socialismo está carregado de fontes cristãs e judaicas, sempre num viés universalista.

> Na concepção messiânica da história de Landauer, os judeus ocupam um lugar especial: sua missão, sua vocação ou tarefa é colaborar para a transformação da sociedade e a gestação de uma nova humanidade. Por que o judeu? "Uma voz irrefutável, como um grito selvagem que ressoa no mundo inteiro e como um suspiro em nosso foro íntimo, nos diz que a redenção dos judeus só poderá ter lugar ao mesmo tempo em que a da humanidade; e que ambas são uma única e mesma coisa: esperar o Messias no exílio e na dispersão e ser o Messias dos povos.[30]

E insiste que os judeus têm a "particularidade única de ser um povo, uma comunidade, *mas não um Estado*: isso proporciona-lhes a oportunidade histórica de escapar ao delírio estatista...".[31] É o que o fará afastar-se da opção sionista de Martin Buber. "Enquanto as demais nações separam-se de seus vizinhos pelas fronteiras de Estado, *a nação judaica carrega seus vizinhos no próprio peito.*"[32] E acrescenta: "neste momento parece-me preferível – apesar de tudo – que Bronstein não seja professor na Universidade de Jaffa (na Palestina) mas que seja Trotsky na Rússia".[33]

---

30. Gustav Landauer, "Sind das Ketzergedanken?". *Der werdende Mensch. Aufsätze über Leben und Schriften*, Potsdam, Gustav Kiepenhauer Verlag, 1921, p. 125 apud Michael Löwy, *Redenção e utopia*, op. cit., p. 118.

31. Michael Löwy, *Redenção e utopia*, op. cit., p. 118.

32. Nesta passagem Michael Löwy (*Redenção e utopia*, op. cit., p. 119) remete a Gustav Landauer, "Sind das Ketzergedanken?", pp. 126–128.

33. Carta publicada por Martin Buber em *Briefwechsel aus sieben Jahrzehnten, I, 1897-1918*. Heidelberg, Verlag Lambert Schneider, 1971, p. 258 apud Michael Löwy, *Redenção e utopia*, op. cit., p. 119.

EMMANUEL LEVINAS: ALTERIDADE E INFINITO

Dos filósofos judeus posteriores à primeira metade do século XX, Emmanuel Levinas certamente é o que mais sorveu da tradição judaica. Sua maneira de pensar o Outro como anterior ao Ser, ou a Ética como anterior à Ontologia, deixou sua marca em pensadores como Blanchot ou Derrida. As figuras da hospitalidade, do acolhimento, da alteridade, do infinito e do Rosto abriram uma tradição bimilenar para o século XX, justamente esse período histórico que tentou exterminar tudo a que se refere Levinas. Não por acaso, *Totalidade e infinito*, publicado em 1961, começa tratando da sombra que a guerra e sua violência projetam sobre a moral. Para seu autor, o desafio, entre outros, será o de marcar a diferença entre política e ética, ou, nos termos do seu pensamento, entre Totalidade e Infinito. Só uma escatologia da paz messiânica pode vencer a ontologia da guerra.[34]

Mas diferentemente de certa tradição religiosa, a escatologia aqui não é uma relação com o fim do tempo, e por isso não introduz a teleologia na totalidade, orientando seu curso. Ao contrário, trata-se de arrancar os seres à jurisdição da história e do futuro para restituí-los a cada instante, na sua plenitude, na responsabilidade que lhe é própria. Só uma ética pode quebrar a totalidade e sua racionalidade, da qual a guerra faz parte. Pois ela consiste, antes de tudo, em acolher o Outro em sua distância infinita. Ele aparece como Outrem, Estrangeiro, Infinito, Desejo, Inapropriável. Não se trata de uma Negatividade a ser superada numa Totalidade final, nem numa dialética entre o Mesmo e o Outro, mas uma ruptura da Totalidade e do Mesmo que lhe pertence. A ideia de Infinito permanece exterior ao pensamento, ela o extrapola, e extrapola igualmente o egoísmo pessoal.

Como se vê, Levinas é leitor de Rosenzweig, que já questionava a noção de totalidade e uma filosofia da história. Aqui, a aspiração por uma exterioridade radical lembra o que mais tarde Blanchot chamou de Fora. O que prevalece é o absolutamente Outro, a desmedida do Desejo, a alteridade de Outrem. Sobre Outrem não

---

34. Emmanuel Levinas, *Totalité et Infini. Essai sur l'extériorité*. Paris: Le livre de poche, 1991, p. 6.

tenho poder algum, ele me escapa, é livre. Por isso mesmo, antes da liberdade, a alteridade. Não reduzir o Outro ao Mesmo, como o tem feito a filosofia ocidental através da primazia do conhecimento (do ser) e do imperialismo ontológico, mas preservar sua indomável estrangeirice. Este face a face com a alteridade se encarna no Rosto, que diz "Não matarás", que interdita toda apropriação, que interrompe o ciclo da violência e da guerra. Epifania do Rosto nu.

As diferenças com Heidegger são explícitas:

> A ontologia heideggeriana subordina à relação com o ser toda relação com o ente – afirma o primado da liberdade em relação à ética. A liberdade surge a partir de uma obediência ao ser [...] concilia assim a liberdade e a obediência [...] supõe a primazia do Mesmo.[35]

Não se trata ali, pois, de

> uma relação com o Outro enquanto tal, mas da redução do Outro ao Mesmo. Tal é a definição da liberdade: manter-se contra o outro [...] garantir a autarquia de um eu. A tematização e a conceptualização, aliás inseparáveis, não são paz com o Outro, mas supressão ou possessão do Outro [...] A ontologia como filosofia primeira é uma filosofia da potência. Ela desemboca no Estado e na não violência da totalidade, sem se precaver contra a violência da qual vive essa não violência e que aparece na tirania do Estado.[36]

E Levinas arremata com surpreendente contundência:

> Filosofia do poder, a ontologia, como filosofia primeira, não coloca em questão o Mesmo, é uma filosofia da injustiça [...] enraizamento no solo, adoração que os homens subjugados podem dedicar a seus senhores.[37]

Malgrado toda sua admiração por Heidegger, por trás da crítica frontal ao seu antigo mestre, é a imagem do Terceiro Reich que se perfila, e talvez o presságio de outros que viriam no seu rastro.

---

35. Emmanuel Levinas, *Totalité et Infini*, op. cit., p. 36.
36. Ibid., p. 37.
37. Ibid., p. 38

ECOS DERRIDIANOS

Entre os treze artigos de fé fundamentais da religião judaica, segundo Maimônides, o décimo segundo consiste em esperar pela vinda do Messias. Contudo, junto com ele vem a proibição de calcular o dia de sua chegada: "possa explodir o espírito daqueles que calculam o Fim". Rabi Zira alerta os escatólogos: "três coisas chegam por inadvertência: um achado, uma picada de escorpião e o Messias". Lev Fraenckel comenta que a consciência e a razão calculadora são um entrave à liberação, e é somente quando as defesas caem, quando o Eu nu e vulnerável se expõe à picada, é que ele encontra, no desvio de um lapso, o objeto de seu desejo. É largando que se encontra. Sabemos que basta suspender uma busca para que venha a coisa ou a palavra que se buscava.[38]

O que é o tempo messiânico? Levinas tentou dizê-lo fora da gramática filosófica, mas foi obrigado a "enunciar em grego os princípios que a Grécia ignorava".[39] Trata-se, para ele, de recusar as filosofias da história, a história universal como processo contínuo, mesmo e sobretudo ali onde os messianismos foram convertidos em *telos* imanente e secularizado de uma totalidade – onde portanto nada pode acontecer.

Em contrapartida, a noção judaica de tempo messiânico permite pensar a interrupção a partir de um "alhures", mas é inevitável formulá-lo filosoficamente. E são essas as três condições para tornar isso possível, segundo Levinas: que o messianismo vá além do que dita a tradição judaica *strictu sensu*; que a filosofia possa autorizar sua formulação rigorosa; e sobretudo que haja uma "messianidade do tempo humano". Gérard Bensussan assim entende essas cláusulas: trata-se ainda do messianismo *judaico*, mas com a finalidade de pensar uma "messianidade *para além* de sua fonte hebraica".[40]

Já podemos agregar os comentários de Derrida sobre Levinas. É

---

38. Lev Fraenckel, "Le Messie hors-la-loi". *Les Cahiers philosophiques de Strasbourg*, v. 37, 2015, p. 74.

39. Emmanuel Levinas, *L'Au delà du verset*. Paris: Minuit, 1981, p. 234.

40. Gérard Bensussan, *Le temps messianique. Temps historique et temps vécu*. Paris: Vrin, 2001, p. 172.

preciso liberar o messianismo de todo conteúdo religioso, insistia ele, bem como de sua secularização. Seu modo de fazê-lo foi dissociando o "messiânico" de todo messianismo. O messiânico é uma "uma certa experiência da promessa",[41] que faz pressão sobre a história, pois ele é sempre por vir, e permanece irredutível às possibilidades históricas dadas pelo direito.[42] Messiânica, portanto, é a "decisão implicada em toda relação com o porvir",[43] em favor de uma abertura no tempo ou à vinda do outro.[44] Como em Levinas, talvez mais esporadicamente, em Derrida estão ligadas a abertura ao Outro e ao porvir, a distância de Outrem e a interrupção do Tempo.

Mas não se trata de uma espera passiva. Há "uma injunção de engajar-se sem esperar [...] É a urgência a mais concreta".[45] A messianidade não remete ao fim da história ou a um além dela – nesse sentido, "a messianidade [...] é tudo menos utópica".[46] Há algo "além da história" que, por assim dizer, se abate sobre o sujeito, "hoje". Messiânico sem messianismo, sem conteúdo, sem dogma, sem revelação.

"O que se anuncia aqui é talvez uma messianidade que diríamos estrutural ou *a priori*. Não uma messianidade a-histórica, mas própria a uma historicidade sem encarnação particular e empiricamente determinável", ou ainda "uma messianidade anterior ou sem um messianismo incorporado por tal revelação em um lugar determinado sob o nome de Sinai ou Monte Horev."[47]

Derrida fala de um messiânico "quase transcendental"[48]

---

41. Jacques Derrida, *Spectres de Marx. L'Etat de la dette, le travail du deuil et la nouvelle Internationale*. Paris: Galilée, 1993, p. 146.

42. Silvia Geraci, "Messianicité structurelle et temps messianique: entre révélabilité et révélation". *Les Cahiers philosophiques de Strasbourg*, v. 37, 2015, p. 48.

43. Jacques Derrida e Maurizio Ferraris, *Il gusto del segreto*. Roma: Laterza, 1997, p. 19.

44. Jacques Derrida, *Foi et savoir*. Paris: Seuil, 2001, p. 66.

45. Id., *Marx & sons*. Paris: Puf; Galilée, 2002, p. 70.

46. Ibid., p. 69.

47. Jacques Derrida, *Adieu à Emmanuel Lévinas*. Paris: Galilée, 1997, pp. 121–122.

48. Id., *Spectres*, op. cit., p. 267.

e chega a considerar a messianidade uma "estrutura universal da experiência".[49] Mais: afirma que essa messianidade "pertence à estrutura do vivente em geral".[50]

Nem todos os seus interlocutores são receptivos a esse vocabulário. Eis um comentário de Jean-Luc Nancy:

> Eu compartilho com o que se queira salvar de Marx [...] uma força, uma veemência, uma exigência de verdade e de justiça, de verdade da justiça. De minha parte, não queria chamar a isto "messianismo" nem "messianidade sem messianismo"; há demasiadas heranças religiosas nesse termo. Eu o escrevi e Derrida estava bastante de acordo comigo (ele me escreveu), embora tenha feito uma réplica interessante (em seu *Marx & sons*) sobre a ideia de messianidade transcendental constitutiva do Ocidente judeu-cristão [...] Apesar de tudo, isso ainda é para mim por demais característico de uma "vinda salvadora".[51]

Uma reação distinta teve Gérard Bensussan:

> Não tenho fetichismo algum pela palavra e estaria pronto a abandonar o vocábulo messianismo, messiânico, messianidade etc. Mas não vejo bem pelo que o substituir.[52]

Não podemos deixar de assinalar uma ambiguidade constitutiva no uso desse vocabulário. Coralie Camilli[53] relembra que, das várias tendências do messianismo judaico, a dominante é a que pensa o tempo como fonte de imprevisibilidade e de ruptura: messianismo interruptivo. É aí que se suspende a Lei. Ora, paradoxalmente, é o que Agamben, no rastro de Carl Schmitt e Benjamin, chamou de "estado de exceção", prerrogativa do soberano. Soberano, lembra Agamben, é aquele que decide do estado de exceção:

---

49. Jacques Derrida, *Marx & sons*, op. cit.

50. Id., *Voyous, deux essais sur la raison*. Paris: Galilée, 2003.

51. Jean-Luc Nancy, *La filosofia come chance*, entrevista com L. Fabbri. Roma: Alternative, 2005, retomado como "Philosophy as Chance: An Interview with Jean Luc Nancy, Lorenzo Fabbri", *Critical Inquiry*, v. 33, n. 2, p. 427, 2007.

52. Gérard Bensussan, Jean-Luc Nancy, "Du messianisme". *Annales de philosophie: Études sur* Le temps messianique *de Gérard Bensussan*, v. 52, 2004, p. 12.

53. Coralie Camilli, "Le messianisme: temporalité interruptive et Loi suspendue". *Les Cahiers philosophiques de Strasbourg*, v. 37, 2015.

> Logo que tomou o poder [...] Hitler promulgou, no dia 28 de fevereiro, o *Decreto para a proteção do povo e do Estado*, que suspendia os artigos da Constituição de Weimar relativos às liberdades individuais. O decreto nunca foi revogado, de modo que todo o Terceiro Reich pode ser considerado, do ponto de vista jurídico, como um estado de exceção que durou doze anos.[54]

Assim, lembra Camilli, a estrutura da soberania se apoia na situação de exceção. A possibilidade de mudar a lei é tanto do soberano quanto do messias: como o soberano, o messias possui a prerrogativa de instituir uma nova relação com a Lei, seja restabelecendo, revogando ou suspendendo-a. O messias e o soberano são duas figuras da suspensão, heterogêneas e indissociáveis. Ora, não corremos o risco de esperar o messias e nos defrontarmos com o soberano? Não aconteceu isto mais de uma vez na história recente?

Scholem nota, em seu livro sobre o messianismo judaico, que à grandeza da espera messiânica responde a fraqueza infinita do povo judeu na história mundial, na qual ele foi jogado pelo exílio sem nenhuma preparação.

> Todas as suas tentativas de realização entreabriram abismos. A cada vez, elas tiveram desfechos absurdos. Há na esperança qualquer coisa de grande e ao mesmo tempo de profundamente irreal. Viver na esperança é, para o indivíduo, estar sem poder, jamais poder realizar-se, já que o fracasso reduz a nada precisamente o que constitui sua mais alta dignidade. Assim, a espera messiânica fez da vida judaica uma vida *em sursis*, onde nada jamais é definitivamente conquistado nem irrevogavelmente concluído.[55]

O FIO DA TRADIÇÃO

Certamente nossa apresentação do messianismo no século xx não faz jus a um pensamento tão complexo e labiríntico, mas ao completar um modesto mosaico, ele nos permite avaliar em que medida certas categorias ali colhidas serviriam para questionar as políticas da memória cultivadas pelo Estado sionista, tanto em relação ao passado

---

54. Giorgio Agamben, *État d'exception (Homo Sacer II, 1)*. Paris: Seuil, 2003, p. 11 [*Estado de excessão*, trad. bras. Iraci D. Poleti. São Paulo: Boitempo, 2004, pp. 12–13].

55. Gershom Scholem, *Le messianism juif*, op. cit., p. 66.

judaico como em relação aos palestinos, como se verá no tocante à Nakba e ao apagamento de seus vestígios, no próximo capítulo. Pois em Israel nos defrontamos agora com uma história dos vencedores, com a glorificação de uma continuidade histórica bimilenar, com o culto ao Estado, ao Progresso, à Força (militar, tecnológica), à Identidade Nacional. Por conseguinte, para dizê-lo de maneira quase bruta, é como se a versão contemporânea do messianismo judaico, tal como se viu nos pensadores mencionados, se voltasse contra as práticas atuais do sionismo. Por si só isso joga por terra a eventual acusação de que a crítica à história e à política do Estado de Israel tal como ela é desenvolvida neste livro (e em tantos outros) possa ser acusada de antissemitismo. Ela provém, ao contrário, da mais alta exigência, em que a ética não se curva à política, assim como o teológico em Benjamin não se curva ao histórico, mas incide sobre ele. O dia do Juízo final, por assim dizer, não advém no final do percurso, a partir do desfecho e dos vencedores da história, que deste modo julgam retroativamente seus momentos, mas acontece como que no meio, a cada dia, a partir da altura do instante ou do agora: é o instante ético que tem o direito de julgar a Razão histórica. Nesse mesmo diapasão, uma distinção ainda mais aguda diferencia o que o direito valida e o que a justiça respalda – em outros termos, o que pertence ao domínio da política e ao da ética. Uma coisa, portanto, é o direito que reconhece a existência de um "lar nacional" para os judeus, por exemplo, outra é a justiça que nele impera ou que justamente ele contraria.

Nosso percurso, de Rosenzweig a Agamben, ao menos deixa claro a que ponto esse pensamento está nas antípodas dos messianismos vários que hoje afligem o mundo, compondo ou concorrendo com os fascismos, seja entre os evangélicos norte-americanos, os colonos israelenses ou um candidato a salvador da pátria que sem pudor incluiu em seu nome o vocábulo Messias.

LEVINAS DIANTE DO ESTADO JUDEU

Para concluir este capítulo, propomos examinar brevemente como Levinas, a partir de sua perspectiva ética sorvida na tradição judaica, avaliou a emergência de um Estado judeu e acompanhou sua trajetória ao longo do tempo. Estaremos em condições de sentir a tensão, para não dizer à colisão, entre a tradição messiânica referida e algumas práticas executadas na dita Terra Prometida, apesar das variações e ambiguidades de sua posição, amplamente discutidas por Judith Butler, como se verá ao final.[56]

Em carta a Maurice Blanchot datada de 21 de maio de 1948, ou seja, uma semana depois da declaração da fundação do Estado de Israel por Ben-Gurion, Levinas se refere à sua tripla pertinência: judaica, russa, francesa. A judaica consiste em um sentimento de ter nascido no absoluto, mas também da certeza de que, se deixasse de compartilhar o destino monstruoso do povo judeu, despertaria como se tivesse sido emasculado.[57] A russa se deve menos à terra natal do que à Revolução, de onde lhe vem como que uma solicitação e tentação incessantes. E a francesa, não pela bandeira, não pelas "ideias imortais" nem pelo solo – figuras que suportava mal –, mas pela língua francesa. Quanto à ideia de um Estado judeu, diz na carta, ela carrega para ele um anacronismo. Como saciar a sede de dois mil anos de privações exasperadas? E Levinas menciona com estranhamento a ideia de ministros, embaixadores, militares, soldados e agricultores judeus, e uma cultura ligada ao solo, concreta, patriótica. É enorme o contraste entre essa direção e a herança espiritual que ele cultiva.

Pelo visto, em vez de Ulisses que retorna à sua ilha, ele prefere Abraão, o eterno errante.[58] Como escreveu em 1935, em *L'inspiration religieuse de l'Alliance* [A inspiração religiosa da Aliança], "a diáspora é uma resignação: uma renúncia fundamental a um destino político próprio". Sobre Rosenzweig, em 1959: "O judeu já chegou. Ele não precisa de Estado. Ele não precisa de terra, não precisa de leis para garantir sua permanência no ser". Ele precisa apenas da responsabilidade sem base, sem instituição, sem referência – ele

---

56. Judith Butler, *Caminhos divergentes: judaicidade e crítica ao sionismo*, trad. bras. Rogério Bettoni. São Paulo: Boitempo, 2017.

57. Emmanuel Levinas, *Être juif*. Paris: Payot & Rivages, 2015, p. 72.

58. Ver "Levinas et Israël: l'éthique à l'épreuve du politique", no site da *Philosophie magazine*. Disponível *online*.

precisa da ética. Em textos dos mesmos anos 1950, acrescenta: "A importância do Estado de Israel não está na realização de uma antiga promessa, nem no início de uma era de segurança material – problemática, infelizmente! –, mas na oportunidade finalmente oferecida de cumprir a lei social do judaísmo. O povo judeu ansiava por sua terra e seu Estado, não por causa da independência sem conteúdo que esperava, mas por causa da obra de sua vida que finalmente podia começar", a realização da justiça, de uma outra política marcada pela ética – "como, nos tempos antigos, a prática da justiça justificava a presença em uma terra". "Finalmente chega a hora da obra-prima. Era terrível ser o único povo que se definia por uma doutrina de justiça e o único que não podia aplicá-la." Esse é o significado da "eleição" do povo judeu: "A ideia de um povo escolhido não deve ser vista como orgulho. Não é consciência de direitos excepcionais, mas de deveres excepcionais".[59] Ou como dirá novamente em *L'Au delà du verset* [Para além do versículo] (1982):

> Além da preocupação de um refúgio para homens sem pátria e das realizações, às vezes surpreendentes, às vezes incertas, do Estado de Israel, não se tratou principalmente de criar em sua terra as condições concretas da invenção política? Essa é a finalidade última do sionismo e, assim, provavelmente, um dos grandes eventos da história humana. Durante dois mil anos, o povo judeu era apenas o objeto, numa inocência política que devia ao seu papel de vítima. Isso não é suficiente para sua vocação. Desde 1948, ele está aí, cercado por inimigos e sempre em questão, mas também envolvido nos fatos, para pensar – e fazer e refazer – um Estado onde deve encarnar a moral profética e a ideia de sua paz.[60]

A ética sustentada pelo judaísmo é "inseparável dos fins temporais do Estado e ultrapassa esses fins".[61] Quão longe de cada uma dessas palavras estamos hoje?

Levinas percebeu muito cedo o risco de uma obsessão identitária, de uma mística do enraizamento. O judaísmo, precisamente, convida a desconfiar da fetichização da terra, esclarece ele:

---

59. Emmanuel Levinas, *Difficile liberté*. Paris: Albin Michel, 1994.
60. Emmanuel Levinas, *L'Au delà du verset: lectures et discours talmudiques*. Paris: Minuit, 1981.
61. Emmanuel Levinas, *L'Au delà du verset*, op. cit., p. x.

> O judaísmo sempre foi livre em relação aos lugares. Ele permaneceu fiel ao mais alto valor. A Bíblia conhece apenas uma Terra Santa. [...] Comida, [...] Bebida e [...] Abrigo, três coisas necessárias para o homem e que o homem oferece ao homem. A Terra é para isso. O Homem é seu Senhor para Servir aos Homens, e Nada Mais. Israel, como Estado soberano, não corre o risco de esquecer essa maneira de habitar a terra como estrangeiro? Não imediatamente, a princípio. Pois a terra na qual o Estado hebreu está ancorado, incessantemente contestada, não é, de forma alguma, uma base duradoura. Diante de vizinhos hostis *cercados por suas terras*, Israel não corre o risco de se endurecer em um desejo reativo de enraizamento telúrico?[62]

Levinas faz questão de lembrar o que esta terra não é: porque "os livros [...] nos carregam mais profundamente do que o solo" (especialmente "o" livro, a Bíblia hebraica), porque "a pessoa é mais sagrada do que uma terra". E ele não hesitará em criticar a forma frequentemente assumida pelo sionismo:

> O sionismo em busca de um Estado judeu, desenvolvendo colônias na Palestina, interpretava-se, por muito tempo, apesar das formas novas de vida coletiva que surgiam nos *kibutzim*, em termos de nacionalismo.

Num dos Colóquios dos Intelectuais Judeus de Língua Francesa, Levinas – apesar de seu apego à existência do Estado hebraico – emite críticas contundentes à invasão do Líbano por Israel, em 1982. Ele interpela o filósofo André Neher, que afirma que "Israel está do lado da justiça": "Israel não pode nem deve ser um perseguidor", replica Levinas.

> Ouça, Neher, você nunca teve a menor interrogação, a menor dúvida na consciência? [...] Ouça novamente: oitocentos mil árabes privados de casa. Para eles, ser privado de casa é ser privado de tudo. [...] Começamos a ter reflexos de ocupante. [...] Nossos colóquios devem ser o lugar de nossos escrúpulos.

Em *Politique après!* [Política depois!], o filósofo revisa a origem do conflito, que é

> agudo desde a criação do Estado de Israel em um pedaço de terra

---

62. Emmanuel Levinas, "Heidegger, Gagarine et nous". In: *Difficile liberté. Essais sur le judaïsme*. Paris: Albin Michel, 1976, pp. 299-303.

árida que pertencera aos filhos de Israel há mais de trinta séculos, que, apesar da destruição da Judeia em 70, as comunidades judaicas nunca desertaram, que na Dispersão elas não cessaram de reivindicar e que desde o início do século elas fizeram florescer por meio de seu trabalho; mas em um pedaço de terra que também estava habitado há séculos por aqueles que, cercados de todos os lados, e em vastas extensões, do grande povo árabe do qual fazem parte, se autodenominam palestinos.[63]

Por fim, em um debate radiofônico de 1982 com Alain Finkielkraut e Salomon Malka a respeito de Sabra e Chatila, condena veementemente as atrocidades e "a tentação da inocência que gostaria de silenciar a má consciência": "Reivindicar o Holocausto para dizer que Deus está conosco em todas as circunstâncias é tão odioso quanto o *Gott mit uns* [Deus conosco] que figurava nos cinturões dos algozes" do Terceiro Reich. Mas sua mensagem está principalmente voltada para a esperança de uma reconciliação: "Podemos e devemos pensar, às vezes em acordo com os pensadores mais lúcidos do campo adversário, que é hora de desapaixonar essa adversidade".[64]

63. Emmanuel Levinas, *L'Au-delà du verset*, op. cit.

64. Contudo, mesmo o pensador da ética resvala quando menos se espera. Numa passagem de *Difficile liberté* (p. 65), Levinas afirma que o judaísmo e o cristianismo são as precondições culturais da racionalidade ética. Descarta as culturas exóticas e manifesta sua preocupação com o advento de "incontáveis multidões de asiáticos e povos subdesenvolvidos [que] ameaçam a recém-fundada autenticidade" do universalismo judaico. Seriam elas sem-rosto? Judith Butler tem razão ao se perguntar por que aqui a ontologia precede a ética. E insinua que o temor eurocêntrico de ser tragado pelas hordas bárbaras ressoa com a recusa israelense em conviver com os palestinos. Ver Judith Butler, *Caminhos divergentes*, op. cit., p. 54.

O sionismo à luz de uma história aberta

A HISTÓRIA COMO CONTINGÊNCIA
E NÃO COMO TELEOLOGIA

Os recentes acontecimentos dramáticos que se deram a partir de 7 de outubro talvez indiquem o fim de um capítulo longo e trágico, sem previsão de como e onde se reinicia a vida. O clichê de que de cada crise nasce uma oportunidade já não se aplica. Tornou-se lugar-comum afirmar que com a criação do Estado de Israel a tragédia do povo palestino era inevitável. As diferentes narrativas, acadêmicas, jornalísticas e populares, dizem que, desde o princípio, a criação de um Estado judeu no interior de um mundo muçulmano estava condenada a desembocar num conflito insolúvel, cujo desfecho só poderia ser a cruel vitória de um e a amarga derrota do outro.

Mas justo num momento tão desolador cabe questionar esta inevitabilidade. A história desta região nos últimos 150 anos, assim como a de qualquer outro período histórico, não deveria ser lida sob o prisma de uma continuidade férrea. As infinitas encruzilhadas da história sugerem uma sequência de rupturas, e as trilhas não tomadas indicam seu caráter inacabado, com múltiplas alternativas (ainda) não exploradas.

Como diz Jeanne Marie Gagnebin, referindo-se a Walter Benjamin, que propôs "escovar a história a contrapelo", "a história também é algo que poderia ter sido completamente diferente; o que era possível e não se realizou, não por fraqueza ou incapacidade, como pretenderia um pragmatismo otimista, mas porque a dominação impôs-se".[1] Quais seriam, em nosso caso, os possíveis que não se realizaram, por quais razões, e quais dominações?

Se, por um lado, podemos elencar uma série de acontecimentos casuais, inversões na relação de forças, inconstâncias no vocabulário, por outro, há uma tentativa de descrever o período de forma teleológica, como se ele acatasse intenções ou determinações prévias, numa sequência ordenada de causas e efeitos, obedecendo a forças quase metafísicas que teriam levado a um resultado já determinado de antemão.

Nas palavras de Foucault: "As forças que se encontram em jogo na história não obedecem nem a uma destinação, nem a uma mecânica, mas ao acaso da luta".[2] Ou, como escreve Paul Veyne:

> Se a Providência dirige a história, e se a história é uma totalidade, então o plano divino é indiscernível; como totalidade, a história escapa-nos, como entrecruzamento de séries, ela é um grande caos semelhante à agitação de uma grande cidade vista de um avião.[3]

Ao pensar como se chegou a um momento tão dramático, é preciso estudar em detalhe as descontinuidades, as contingências e suas encruzilhadas, sem supor caminhos prefixados, lembrando que "forças não se manifestam como forças sucessivas de uma intenção primordial, como também não têm o aspecto de um resultado".[4]

Ao multiplicar os ângulos e perspectivas, é imperativo evitar a tentação de substituir de forma banalizada as narrativas vigentes por versões ainda mais simplistas, sejam as dos vitoriosos, sejam as das vítimas.

Nas próximas páginas, faremos uma leitura temática, cronológica porém não linear, abordando de maneira entrecruzada

---

1. Jeanne Marie Gagnebin, *Walter Benjamin: os cacos da história*. São Paulo: n-1 edicões, 2018, p. 77.
2. Michel Foucault, "Nietzsche, a genealogia e a história". In: Roberto Machado (org.), *Microfísica do poder*. Rio de Janeiro: Graal, 1979, p. 28.
3. Paul Veyne, *Como se escreve a história*, trad. bras. Alda Baltazar e Maria Auxiliadora Kneipp. Brasília: Editora da UnB, 1995, p. 35.
4. Michel Foucault, *Microfísica do poder*, op. cit., p. 28.

os fatores centrais que direcionaram o conflito nas diferentes encruzilhadas e as análises históricas contrafactuais que perguntam "o que teria ocorrido se...?".

O SIONISMO: UM PROJETO QUE QUASE FRACASSOU

O sionismo, formulado na sua origem como um manifesto,[5] articula um conjunto de ideias em busca de uma solução para uma realidade social existente na época: a frágil e perigosa diáspora judaica. Ele prega aos judeus uma linha de ação concreta: a criação de uma entidade nacional onde tenham um futuro mais seguro. E oferece um mapa cognitivo da situação, mostrando a falta de perspectiva dos judeus na diáspora.

Mesmo levando em consideração que, desde o princípio do movimento sionista, houve diferentes interpretações (socialista, religiosa etc.), o denominador comum era a ideia de que um "lar nacional" judaico resolveria a instabilidade do presente e abriria novas perspectivas para o futuro da diáspora judaica.

Não resta dúvida de que, no final do século XIX, havia urgência em encontrar uma solução para o antissemitismo na Europa Oriental. Durante aproximadamente cem anos, desde o final do século XVIII, os judeus passaram por um processo de integração na sociedade europeia, graças ao Iluminismo. Essa emancipação trouxe aos judeus da Europa Central e Ocidental uma mobilidade social que possibilitou uma notável ascensão a posições privilegiadas de riqueza e de poder, assim como uma integração e identificação com a cultura local laica. Os judeus na Alemanha se sentiam mais alemães do que os próprios alemães, se dizia. E, paradoxalmente, conviviam com o antissemitismo que sempre erguia a cabeça, como no caso Dreyfus, na França.

Já na Europa Oriental, os judeus foram obrigados a viver em zonas demarcadas e a exercer atividades de nível muito inferior. Houve uma proletarização da população judaica, a

---

5. Leon Pinsker, *Auto-emancipation*. Jerusalém: World Zionist Organization, 1951.

integração na sociedade local permaneceu limitada, e as bases religiosas tradicionais que se mantiveram intactas ditavam as práticas das comunidades. No fim do século XIX, quando as autoridades locais começaram a promover *pogroms* no sul da Rússia, aumentou a urgência em buscar uma solução.

A partir de 1897, houve uma série de congressos organizados por judeus alemães e austríacos no esforço de formular uma estratégia mais concreta na busca de tal solução.

O projeto, definido como o estabelecimento de um refúgio territorial autônomo onde judeus pudessem viver normalmente, era visto pelos judeus da Europa Central como um ato filantrópico de ajuda aos do leste, os *Ostjuden*. Aqueles já se sentiam integrados e não tinham a intenção de ir viver em outros lugares, mesmo convivendo com a sombra do antissemitismo.[6] Alguns, inclusive, queriam evitar que os *Ostjuden* imigrassem massivamente para a Áustria ou Alemanha, o que implicaria eventualmente em risco para o *status* já alcançado por eles. Muitos judeus se recusaram a cooperar, afirmando que se consideravam "alemães professando a religião mosaica".[7] De fato, a maioria das comunidades judaicas da Alemanha e da Áustria se mantiveram indiferentes a esses congressos.

Na esteira desse processo, a Palestina foi escolhida como o lugar do almejado refúgio. O sonho de retorno às origens históricas dos judeus sempre existiu como uma crença mística ou uma prece religiosa. Mesmo questionando a veracidade histórica de um passado bíblico glorioso e de uma continuidade étnica do povo judeu durante os dois mil anos de diáspora, esse sonho expressava um desejo real capaz de atrair a imigração.

A crença de que a Palestina era propícia, pois tratava-se de "uma terra sem um povo para um povo sem uma terra", serviu como um lema atrativo, mas os dirigentes sionistas estavam cientes de que tal vácuo era falso, e de que a Palestina era uma

---

6. Etan Bloom, *Arthur Ruppin and the Production of the Modern Hebrew Culture.* Tel Aviv: Resling Publishing, 2020, p. 153.

7. Shlomo Avineri, *Theodor Herzl and the Foundation of the Jewish State.* Londres: Weidenfeld & Nicolson, 2013.

região povoada dentro do Império Otomano. Tanto é que dois rabinos de Viena que visitaram a Palestina como emissários do Congresso Sionista, a fim de conhecer o lugar e elaborar um parecer, mandaram um telegrama com o seguinte dizer: "a noiva é linda, mas já está casada com um outro homem".[8]

A decisão em não enfatizar a presença de palestinos serviu para evitar uma inquietação entre os judeus e qualquer posição adversa de países europeus, que deveriam futuramente apoiar o projeto. No entanto, varrer o problema para debaixo do tapete, sem refletir sobre como minimizar um futuro atrito, que poderia adquirir um caráter colonialista, trouxe consequências catastróficas nos anos seguintes.

A primeira tentativa de compra de terras e estabelecimento de judeus, conhecida como a primeira onda de imigração (aliá), teve pouco êxito. Baseando-se na aquisição de pequenas propriedades agrícolas por magnatas judeus europeus, e empregando lavradores palestinos locais, esta imigração não despertou grande interesse.

Já no final do século xix, o empreendimento sionista perdeu seu ímpeto inicial quando os Estados Unidos abriram as portas para a imigração massiva dos judeus da Europa Oriental: quase dois milhões de judeus em dez anos (entre 1881 e 1914 chegariam a dois milhões e setecentos e cinquenta mil). Com uma solução prática e inesperada que proporcionou um refúgio para a maior parte da população perseguida, o problema imediato a ser resolvido pelo sionismo perdeu muito de sua urgência.

Esta ruptura histórica foi determinante na inversão de forças e perspectivas. Havia que buscar novos candidatos que participassem do empreendimento sionista, os quais acabaram dando um caráter surpreendente às práticas da futura imigração. Foi o caso de judeus jovens e idealistas que abandonaram o universo do shtetl – mas cuja tentativa de se integrar no universo não judeu era ambígua – e que buscavam naquele limbo uma nova subjetivi-

---

8. Avi Shlaim, *The Iron Wall – Israel and the Arab World.* Londres: Penguin Group, 2001, p. 3.

dade, um mundo alternativo, uma perspectiva de criar algo. Eram pessoas que estavam nas margens da assimilação, mas ainda na metade do caminho em direção a algo desconhecido e indefinido.

Jacob Golomb descreve o drama existencial de alguns dos intelectuais judeus europeus que se encontravam nesse limbo, chamando-os de judeus marginais emancipados.[9] A disposição em enxergar, na ausência de uma identidade, um vácuo existencial promissor poderia servir de impulso para um projeto alternativo. Talvez alguns, inspirados em Nietzsche, tenham conseguido ver certa marginalidade, perda de raízes e do lugar seguro, em suma, uma desterritorialização *avant la lettre*, não como um problema, mas como o princípio de algo novo. Em vez de enxergar na marginalidade uma anomalia a ser superada, dela é que se poderia iniciar uma existência "autêntica".[10]

No caso de Herzl, também leitor de Nietzsche, o projeto alternativo foi o abandono de suas tentativas de assimilação e a opção por algo de maior envergadura, orientado para o povo judeu. Herzl e Nordau, apesar de pertencerem à burguesia judaica, se davam conta do muro antissemita, sempre presente, como um lembrete de que um judeu nunca alcançara sua integração completa.

De forma inesperada, então, naquele momento ainda inicial, o movimento sionista abriu perspectivas inovadoras para os sujeitos marginalizados que buscavam um projeto de vida. O impasse do limbo, onde convivem o pessimismo e a esperança, foi uma ocasião inesperada para a qual o sionismo poderia oferecer novos afetos, bem antes de se tornar um movimento colonialista.

Assim, para muitos dos jovens judeus, russos e ucranianos na sua maioria, as dúvidas existenciais deram lugar a um ativismo revolucionário impregnado de romantismo, que correspondia à sua necessidade de emancipação. Alguns dos jovens imigrantes conheciam o socialismo de Borochov, mas muitos outros

---

9. Jacob Golomb, *Identity and its discontents*. Jerusalém: Magnes Press, 2022.
10. Jacob Golomb, *Identity and its discontents*, op. cit., p. 15.

perambulavam pela Palestina procurando o jardim das cerejeiras de Tchekhov, e mulheres sonhavam em ser a Natasha de Tolstói, não como simples leitores, mas como quem quer imitar os personagens na vida real.[11]

Aliás, muitos dos jovens judeus que não imigraram tiveram destaque nos movimentos sociais do princípio do século xx, principalmente na Revolução Comunista, embora não exclusivamente, com a esperança de ali encontrar a oportunidade tão desejada de uma transformação de vida.

A influência e o protagonismo relativo das populações jovens que não emigraram para os Estados Unidos, indo, ao invés disso, para a Palestina, foi determinante na formação da liderança da comunidade local e do tipo de sociedade que se constituiria. Esta população jovem e pouco numerosa, com inclinações intelectuais e revolucionárias, teve uma oportunidade única de liderar um processo social *sui generis*, em vez de diluir-se em meio a uma imigração massiva de judeus, em sua maioria religiosos, provenientes do *shtetl*. As relações de poder iniciais, que se refletiram numa "patronização" da imigração promovida pela elite judaica burguesa europeia por intermédio do sionismo diplomático e de suas recém-formadas instituições, e cujos planos eram de caráter político, inverteram-se completamente em poucos anos. Os imigrantes da segunda e da terceira ondas (*aliá*), no começo do século xx, liderados por uma inesperada vanguarda revolucionária e não conformista, converteu as práticas do então nascente projeto em um "sionismo prático", mais do que político.

Contudo, a ausência de qualquer experiência profissional, principalmente em atividades agrícolas, nas quais os agricultores palestinos locais desfrutavam de uma vantagem óbvia, levou esses imigrantes ao desemprego. Berl Katzenelson, um deles, que anos mais tarde se tornaria um dos líderes do Partido Trabalhista, escreveu:

> O trabalhador judeu vivia na solidão, no sentido mais simples da palavra. Solitário em sua dor, sentia sua orfandade dia e noite à espera de uma vaga no *mercado de trabalhadores* das fazendas, batendo

---

11. Muki Tsur, "Gordon and Tolstoi – Comments". *At Muki Tsur* website, 2017.

em suas portas fechadas, dormindo em quartos sujos, comprando poucos produtos à crédito implorado. Uma tristeza trágica de alguém que não sabe se há uma razão para viver.[12]

A grande maioria dos imigrantes da primeira leva dessa onda regressou à Europa, e muitos outros se suicidaram, momento em que surge a figura de Arthur Ruppin que, como emissário da Organização Sionista Europeia, se transferiu para a Palestina como chefe do PO (Palestine Office), órgão executivo local que representava as organizações judaico-europeias. Seu objetivo principal era acompanhar de perto os jovens imigrantes. Criaram-se escolas agrícolas para ensinar as habilidades necessárias para o trabalho no campo, e adquiriram-se terras para que, depois de treinados, pudessem trabalhar e se sustentar. Agindo como tutor, e dando-se conta do potencial ideológico de que dispunham, ajudou-os a criar comunas de trabalho, a princípio nômades (*Gdud HaAvoda*) e posteriormente sedentárias, como o *kibutz* ou o *moshav* (aldeias cooperativas). Eis portanto uma inesperada guinada daqueles imigrantes rumo ao cooperativismo, cuja liderança seria a vanguarda do coletivo judeu por décadas.[13] Pode-se dizer que o *kibutz* e o socialismo nasceram de uma mescla entre pobreza e idealismo.

Não tendo uma metrópole por trás, o povoamento judeu necessitava de financiamento das organizações sionistas europeias para a compra de terras, a fim de proporcionar meios de sustento aos imigrantes. Como já comentado, as ondas de imigração nos primórdios do movimento sionista se estabeleceram em terras gradualmente adquiridas de latifundiários árabes, muitos deles residentes fora da Palestina, embora não exclusivamente.

A referência simbólica à terra bíblica como fonte de inspiração tinha pouca importância. Em vez de comprar terras em lugares ditos sagrados, as terras escolhidas se encontravam, em sua absoluta maioria, em regiões planas propícias para a agricultura e

12. Tzvi Rosenstein, *The History of the Workers Movement in Israel*, v. 1. Tel Aviv: Am Oved, 1966, p. 84.
13. Etan Bloom, *Arthur Ruppin*, op. cit., p. 200.

relativamente próximas de algum porto. A região da costa mediterrânea, o Vale de Yzreel (Jezreel) e o norte da Galileia, que concentravam a maior parte das terras adquiridas, pouco tinham a ver com a narrativa bíblica. Metade da costa mediterrânea era, segundo a Bíblia, dominada pelos filisteus, e o norte da Galileia também desfrutava de pouco protagonismo nos textos bíblicos. É interessante o fato de que alguns lugares sagrados, e onde se conservou uma presença judaica ininterrupta mesmo nos anos da diáspora, como Hebron, Tzfat (Safed), inclusive a Cidade Velha de Jerusalém, foram vistos como pouco prioritários e atrativos.

O projeto sionista adotou uma abordagem pragmática, priorizando terras agrícolas para produzir, criar emprego e construir uma base econômica para o futuro "lar nacional". O discurso hegemônico, com os dispositivos de poder inteiramente dedicados à urgência de criar um "lar nacional", produziu uma dissonância temporária entre a narrativa bíblica e as contingências imediatas.

Então, como consequência do perfil dos imigrantes dessas duas ondas, as práticas de povoamento incluíram um fator pessoal – realizar um trabalho físico diferente do que acontecia no *shtetl* europeu –, um trabalho ideológico – não depender de trabalho alheio –, e um econômico – poder se sustentar.

O resultado disso foi "um radical emprego exclusivo de mão de obra de judeus (e uma bifurcação econômica) que só poderia ser assegurada através de uma separação territorial".[14]

A bifurcação econômica levou a uma separação social e cultural e produziu um confronto entre imigrantes e população nativa. A necessidade de sobrevivência econômica, aliada ao idealismo e às aspirações existenciais pessoais, acabou por moldar uma estrutura social de caráter colonialista, já que os palestinos foram excluídos (ou melhor, ignorados) da evolução socioeconômica

---

14. Gershon Shafir, *Palestine Land, Labor, and the Origins of the Israeli Palestinian Conflict 1882–1914*. Berkeley: University of California Press, 1996, p. 215.

ocorrida naqueles anos, dadas as práticas de povoamento dos jovens imigrantes. O conflito que se instaurou poderia ter como solução a partilha das terras, no entanto isso não ocorreu.

Mas é importante notar que não se trata de um colonialismo típico, em que os colonizadores exploram a mão de obra e os recursos da população nativa, trata-se antes de um colonialismo de povoamento, que cria duas economias paralelas que não se cruzam, porém contêm um antagonismo imanente.[15]

Tal bifurcação ocorreu também no esquema de vigilância das localidades judias, que até 1908 era realizada por assalariados não judeus, e visava principalmente à proteção contra roubos de produção e desavenças sobre limites das propriedades.[16] Nos anos seguintes, a partir do emprego de vigilantes exclusivamente judeus, organizaram-se milícias que formariam mais tarde as forças combatentes judias no conflito.

Em resumo, a bifurcação da economia e das forças de vigilância encaminhou a sociedade, que poderia ser uma sociedade de coexistência pacífica, para a separação das comunidades. Apesar de se tratar de um colonialismo peculiar, no qual o imigrante não explora o nativo, era ainda assim uma prática intrusiva que não poderia ser aceita com naturalidade pelos nativos.

E por que, afinal, é tão importante contar esses detalhes pouco gloriosos e aparentemente secundários na compreensão dos primórdios do sionismo? Para mostrar que as práticas do sionismo, nos anos iniciais, não se assemelhavam a um movimento colonialista típico, que visava à conquista das terras ocupadas pelos habitantes palestinos. O movimento sionista, no seu início, tinha poucos adeptos, e estes por pouco não abandonaram o projeto no meio do caminho – muitos de seus participantes estavam mais preocupados em realizar seus sonhos pessoais do que em realizar um plano nacional grandioso. Tentavam se tornar trabalhadores produtivos, revolucionários, membros de

15. Gershon Shafir, *Palestine Land*, op. cit., p. 219.
16. Ibid., pp. 127–132.

122

uma comuna, ao mesmo tempo no nível pessoal e no grupal. O imigrante judeu desejava ser o oposto do judeu diaspórico, mais especificamente daquela diáspora da Europa Oriental, centrada no *shtetl*. Estado e território não tinham prioridade. Paradoxalmente, nada estava mais longe dos modelos propalados pela burguesia judia alemã, refletida nos textos e resoluções de inúmeros congressos da corrente política do sionismo.

Como consequência, a dedicação completa, a solidariedade interna e a cooperação mútua entre os jovens imigrantes ditaram um divórcio absoluto entre eles e a população palestina. A criação de um habitat social, econômico, cultural eurocêntrico, exclusivo para judeus, dentro de um universo árabe majoritariamente muçulmano, sinalizou a direção conflitiva do futuro. Num plano teórico, pode-se imaginar no que poderia ter resultado o projeto sionista em seus primórdios se as primeiras ondas de imigração judia tivessem um outro perfil. Assim como quase dois milhões de judeus imigraram naqueles mesmos dias para os EUA e se integraram social e economicamente em zonas urbanas, seria absolutamente lógico imaginar alguns milhares de judeus com perfil semelhante se integrando na Palestina, como habitantes do Império Otomano, sem que os palestinos se sentissem ameaçados. Em que medida isso teria resolvido o problema de judeus perseguidos pelo antissemitismo europeu no começo do século xx? E, principalmente, será que nesse caso o projeto de criação de uma entidade nacional judia continuaria relevante e teria continuidade?

A *PAX* OTOMANA (E O SEU FIM)

A Primeira Guerra Mundial terminou com o colapso do Império Otomano e a conquista da maior parte do Oriente Médio pela França e pela Inglaterra. O acordo secreto conhecido como Sykes-Picot, assinado pelas novas potências, determinava como dividiriam entre si o território conquistado.

Com a aprovação do Mandato Britânico em 1922, o território da Palestina foi declarado responsabilidade britânica. O ponto de partida dos ingleses era a existência da Declaração Balfour, de 1917, que contemplava a promessa de "um *lar nacional* judaico", assim como "a garantia dos direitos civis e religiosos e governo próprio das comunidades não judias" na Palestina.

Os judeus conseguiram um reconhecimento baseado em seu problemático passado histórico no interior da civilização cristã europeia, e na perspectiva de que precisavam de um Estado. Em contrapartida, os palestinos não eram vistos como um povo que merecia um Estado. Aos olhos dos europeus, tratava-se de uma população não europeia como qualquer outra, a ser colonizada – ao contrário dos judeus, considerados europeus.

A percepção de que os judeus podiam ter um "lar nacional" na Palestina por tratar-se de *a land without a people for a people without a land* foi convertida pelos ingleses em *a land with people for a people without a land*. Ou seja, reconheciam que na Palestina vivia uma população que deveria ter garantidos seus direitos, porém não eram considerados "um povo" como os judeus. Assim, os ingleses receberam o Mandato com uma dupla obrigação, tanto para com os judeus quanto para com os palestinos (os "não judeus"), mas de maneira nada equitativa.[17]

Por séculos os habitantes da Palestina e das demais regiões viveram sob o regime centralizado do Império Otomano, que apesar das múltiplas características regionais e locais, se caracterizava por ser um domínio muçulmano relativamente homogêneo, sendo a região da Palestina orientada para a economia agrária numa estrutura patriarcal.

Com a introdução de reformas governamentais em Istambul (conhecidas como Tanzimat, ocorridas entre 1839 e 1876), a compra e a venda de terras foi flexibilizada, bem como foi facilitada a circulação de produtos agrícolas que em grande parte servia para consumo próprio ou para escambo. Um dos resultados dessas mudanças foi a possibilidade de famílias ricas de outras regiões

---

17. Gudrun Kramer, *A History of Palestine from the Ottoman Conquest to the Founding of the State of Israel*. New Jersey: Princeton University, 2011, p. 170.

(Beirute, por exemplo) comprarem áreas agrícolas extensas, mas cedendo aos agricultores locais o direito de utilizar a terra como antes. Estes, em compensação, ficavam livres dos respectivos impostos sobre a propriedade. Como consequência, facilitou-se a aquisição de terras pelos judeus, que podiam comprar grandes áreas de um só proprietário, e substituir os trabalhadores locais palestinos, até então donos das terras, por trabalhadores judeus.

Um outro desdobramento foi a maior capitalização das atividades. A expansão do comércio, as mudanças no regime de propriedade e no regime fiscal exigiam serviços administrativos, bancários, jurídicos e monetários. Sendo a burocracia otomana muito complicada e centralizada, grande parte desses serviços passaram a situar-se nas cidades, que adquiriram um protagonismo maior. Isso trouxe, para algumas das famílias mais tradicionais (os *a'yan*), bastante poder, uma vez que atuavam como mediadores, facilitadores e financiadores, enfim, como suporte na dinâmica da atividade agrária. Essas eram, por assim dizer, as "famílias notáveis" palestinas representantes da liderança civil local, entre as quais se destacavam as famílias Khalidi, Husseini e Nashashibi, cuja autoridade emergia da tradição acumulada, da reputação (integridade, honra), da conduta pessoal e das conexões sociais. Tal capital social, nos termos de Bourdieu, fez com que essas famílias tivessem um protagonismo importante no governo central, em Istambul.[18] Como intermediários, atuaram para que se nomeassem funcionários palestinos na administração local, tais como juízes e chefes de polícia, em lugar de emissários turcos vindos de Istambul – o que reduzia os possíveis conflitos.[19]

A chegada dos ingleses e o período do Mandato introduziram uma nova dinâmica na sociedade palestina e na comunidade judia. No percurso fragmentado e descontínuo da história, a vinda de novos governantes, não prevista nos primórdios do sionismo, teria uma importância decisiva.

18. Gudrun Kramer, *A History of Palestine*, op. cit., p. 71.
19. Hilel Cohen, *Haters, a love story – on Oriental Jews and Arabs*. Jerusalém: E-vrit, 2022, pp. 37–38.

QUEM LUCROU E QUEM PERDEU DURANTE
O MANDATO BRITÂNICO

Os ingleses recém-chegados aproveitaram a posição das famílias de notáveis (os *a'yan*) como suporte. Essa prática era usada também na Índia, e servia para controlar os anseios de setores sociais que poderiam ficar fora de controle, especialmente nas zonas rurais. No sentido contrário, representando os palestinos diante das autoridades inglesas, as famílias de notáveis ficavam com as mãos amarradas por conta das obrigações dos ingleses para com os judeus. Eles poderiam atuar como fator moderador entre a população e as autoridades, mas se viram limitados a transmitir às autoridades o descontentamento dos habitantes originais em aceitar os judeus como donos de parte da Palestina.

Paralelamente, a sociedade palestina passava por transformações sociais importantes. Uma pequena burguesia comercial se desenvolveu nas maiores cidades, bem como uma classe trabalhadora urbana. A título de exemplo, entre 1908 e 1914 foram fundados trinta e dois novos periódicos e revistas palestinas.[20]

Nos anos seguintes, acentuou-se a migração do campo para a cidade, dadas as dificuldades no setor agrário e as perspectivas de ascensão econômica nas cidades. Esse fortalecimento da burguesia urbana enfraqueceu a liderança das famílias de notáveis, e acelerou a politização da população. Inúmeros partidos políticos e organizações sindicais foram criados, o que contrariava a conduta conservadora das famílias, que buscavam manter um *status quo* confortável tanto para elas como para os ingleses, evitando as agitações sociais.[21]

Como se nota, a politização dessa nova camada social mais militante não estava alinhada com o conservadorismo das famílias de notáveis. Surgiram então os primeiros atos de violência contra os judeus nos anos do Mandato, levando algumas famílias a se mudarem temporariamente para Damasco e Beirute. Mas as famílias

---

20. Rachid Khalidi, *The Hundred Year's War on Palestine*. Londres: Profile Books, 2020.
21. Avraham Sela, *Society and Palestinian Institutions during the Mandate: Changes, Social Immobility and Colapse*. Yiunim 2003, Beer Sheva, Ben Gurion University, 2003, p. 294.

também tinham divergências entre si, basicamente em torno do grau de moderação da conduta perante os ingleses, em contraste com os novos partidos palestinos que pregavam uma política mais antagonista em relação ao Mandato e ao projeto sionista. A família Nashashibi era mais pragmática não só em relação ao governo mandatário mas também à comunidade judia, enquanto os Husseinis se opuseram incondicionalmente a qualquer compromisso e fomentaram distúrbios. O *mufti* de Jerusalém, Haj Amin Al-Huseini, em particular, que a princípio colaborou com os ingleses e poderia compor uma liderança palestina única, tomou caminhos incertos e variáveis. Por ser uma personalidade central e bastante polêmica, acentuou a falta de unidade política da liderança palestina perante as autoridades inglesas e o mundo árabe.[22]

Neste período crítico, a liderança tradicional palestina, que não compartilhava o protagonismo político dos novos partidos palestinos, careceu tanto do apoio interno dos diversos setores da população quanto do apoio externo por vias diplomáticas, e não alcançou um consenso sobre os objetivos políticos desejados.[23]. Nos últimos anos do Mandato, os países árabes tiveram que intervir diretamente nos debilitados órgãos diretivos palestinos, o que teve uma influência decisiva no fracasso da guerra de 1948.[24]

O resultado da problemática disputa de liderança interna foi que os anos do Mandato não foram aproveitados para construir as bases e as instituições de um possível Estado palestino. A tal ponto que, no final do Mandato Britânico, os palestinos não queriam assumir muitas das responsabilidades que seriam repassadas pelos ingleses no território destinado a eles.[25]

Pode-se afirmar que a maior parte da energia nacionalista foi desviada para combater o projeto sionista, e pouco foi investido para construir as instituições nacionais. Khalidi não hesita em

---

22. Rashid Khalidi, *The Palestinians and 1948: the Underlying Cause of Failure*. Cambridge: Cambridge University Press, 2012, p. 28.
23. Avraham Sela, *Society and Palestinian institutions during the Mandate*, op. cit., p. 303.
24. Ibidem, p. 340.
25. Ibidem, p. 341.

afirmar que, às vésperas do fim do Mandato, era evidente que a sociedade palestina não estava preparada para a independência, por conta de uma liderança fragmentada, de uma fragilidade econômica e financeira, de um comando militar disperso e de aliados (ocidentais e árabes) pouco confiáveis.[26]

Já a comunidade judia viveu uma experiência inteiramente oposta à dos palestinos. Os imigrantes que chegaram na segunda e terceira ondas, e que implementaram as bases para as atividades agrícolas comunitárias, revelaram-se líderes no sentido mais amplo, fundando as instituições básicas que serviriam à população judia, tais como: um sindicato que representasse a totalidade dos trabalhadores, um serviço médico popular aberto a todos, partidos políticos, empreendimentos agrícolas comunitários, além de organizarem um corpo de vigilância que mais tarde evoluiria transformando-se numa organização paramilitar. A população urbana cresceu e, com ela, a riqueza.

Os ingleses viam com bons olhos a forma como a população judia havia se organizado, mas tudo se complicou quando os palestinos começaram a reagir contra as novas ondas de imigração vindas da Europa, chegando a impor *numerus clausus* para limitar a quantidade de imigrantes.

No âmbito político, o plano era desenvolver ao máximo as instituições e a economia, adquirir mais terras e criar mais empregos. O programa de criação de um Estado independente se caracterizava por linhas pragmáticas, baseadas na crença de que tudo que se fazia naquele momento serviria como base para o futuro.

Como exemplo do poder da liderança da comunidade, o partido revisionista judeu, de direita, que pregava um programa maximalista de expansão territorial para o futuro Estado judeu, abrangendo as regiões habitadas pelos palestinos e também a Transjordânia (que estava destinada ao reino Hashemita e não era parte da Palestina) foi deslocado dos centros de decisão pelos órgãos diretivos da comunidade, majoritariamente de

---

26. Rashid Khalidi, *The Palestinians and 1948*, p. 30.

centro-esquerda. Enfim, os judeus conseguiram manter uma coesão disciplinada e frutífera, que visava criar um Estado no fim do período do Mandato, em contraste com a fragmentada liderança da população palestina, que pouco contribuiu para o fortalecimento de suas próprias instituições. Esta disparidade foi fundamental para o que se seguiria depois.

Avaliando historicamente este período, talvez se possa afirmar que o projeto sionista não teve as mesmas características dos colonialismos das grandes potências europeias, mas se beneficiou do colonialismo inglês para seus próprios fins.

Isso não teria acontecido sob o domínio Otomano, evidentemente. A aventura colonialista britânica mudou a dinâmica de poder na sociedade palestina, enfraquecendo a liderança civil e fortalecendo o projeto sionista.

COMO *O PROBLEMA PALESTINO* SE TORNOU *A TRAGÉDIA PALESTINA*

Com o Mandato, os ingleses receberam os direitos de administração de uma região potencialmente explosiva, onde havia uma maioria palestina insatisfeita com a presença (ainda modesta) de judeus, e uma minoria judia que mantinha uma organização socioeconômica separada e eficiente. Com razão, os palestinos protestavam contra a situação assimétrica, e com perspectivas ainda mais pessimistas perante uma comunidade judia europeia surgida do nada em suas terras.

Após um curto período de relativa tranquilidade, a imigração de judeus aumentou em virtude do crescente antissemitismo europeu e em razão da limitação da imigração para os EUA. Com isso, duas ondas migratórias vindas principalmente da Polônia e da Alemanha, entre 1924 e 1936, chegaram à Palestina. Ao contrário do que ocorrera até então, tratava-se de uma burguesia que trazia capital e habilidades profissionais, e que se estabeleceu principalmente nas áreas urbanas. Já não eram jovens sonhadores que procuravam um rumo na vida, e sim famílias em busca de sustento e de um nível de vida razoável.

O projeto sionista, que visava criar um refúgio para os judeus perseguidos e que se contentara até então com adeptos inesperados, agora via suas dimensões se ampliarem e seu plano se justificar. Porém, às custas dos palestinos. A comunidade já organizada dos judeus absorveu essas duas ondas e se fortaleceu de forma notável, desequilibrando a precária situação anterior entre as duas comunidades.

A aquisição de terras palestinas se acelerou com o aumento da imigração judia, forçando a migração dos lavradores palestinos desempregados do campo para as cidades. Essa população descontente mobilizou politicamente os palestinos das cidades, que assistiram ao nascimento de inúmeros partidos políticos, mais militantes do que as famílias dos notáveis.

O confronto armado não tardou a ocorrer, com ataques explosivos de ambos os lados, e que traumatizaram as duas comunidades. Os distúrbios violentos contra a população judia nos anos 1920 e 1930, e as respectivas represálias por parte das milícias judias, acentuaram a desconfiança entre as duas populações e acabaram de vez com qualquer perspectiva de vida comum.

A revolta massiva da população palestina, em 1936, foi controlada à força pelos ingleses, que se convenceram de que a situação era insustentável. Com a crescente dificuldade em administrar um equilíbrio instável e cada vez mais violento entre as duas comunidades, bem diferente daquele reinante no início do Mandato, os ingleses se inclinaram a apoiar uma partilha da Palestina, tal como recomendada pela Comissão Peel em 1936 e aprovada em 1937 pela Liga das Nações. Foi uma decisão desfavorável e injusta para com os palestinos, mas dificilmente se poderia frear um processo já tão avançado.

A família Nashashibi se posicionou de forma moderada e conciliatória em relação aos britânicos e aos judeus, mas não efetiva. Neste cenário, prevaleceu o protagonismo da família Husseini, beligerante e partidária de uma negação total da presença de judeus na Palestina.[27]

Ilan Pappe descreve bem a falta de pragmatismo e de habilidade da família Husseini em aproveitar o que naquele momento parecia a única opção possível. Em vez de rejeitar completamente o plano, poderia ter aceitado negociar a partilha, tal como se inclinaram a fazer os Nashashibi.[28]

Os palestinos não souberam ler a nova realidade europeia dos anos 1930, que forçou a imigração judia e culminou anos depois no Holocausto. Tinham razão em recusar o colonialismo judeu tão peculiar em seu ensimesmamento, e cuja intrusividade só crescia à medida que mais imigrantes chegavam. Tinham razão em protestar, seja por não terem obrigação de pagar pelos crimes da Europa contra os judeus, e menos ainda de reconhecer a alegação de que os judeus tinham direito àquela terra em razão de sua ligação histórica bimilenar com ela.

Desafortunadamente para os palestinos, como descrito anteriormente, nos anos do Mandato, período em que a população judia se organizou de forma eficiente para a eventualidade de se tornar um país independente, o nacionalismo palestino esteve orientado exclusivamente a combater a possibilidade desse país judeu, e pouco fez para organizar a população palestina rumo a um futuro país.

Naquele novo mundo surgido depois da Segunda Guerra Mundial, quando a França e a Inglaterra tiveram que ceder seu protagonismo aos EUA e à União Soviética, e o mundo árabe se remodelou com a independência (ou não) de inúmeros novos países, a opção dos palestinos em recusar totalmente a partilha talvez fosse outra se a liderança palestina estivesse mais unida, o que teria mudado o rumo dos acontecimentos.

---

27. Benny Morris, *The Birth of the Palestinian Refugee Problem 1947-1949*. Cambridge: University Press, 1987, pp. 10–15.

28. Ilan Pappe, *The Rise and Fall of a Palestinian Dynasty: the Husaynis*. Berkeley: California University Press, 2011.

Por mais injusta que fosse a aprovação da partilha pela ONU em 1947, com uma entidade nacional judia numa parte considerável da Palestina (56%, deixando 42% para os palestinos, mas incluindo um *status* especial para Jerusalém e Jaffa), este parecia ser o plano mais vantajoso a ser obtido pelos palestinos com a bênção das grandes potências e da ONU.

A partilha, aceita pelos judeus, deixava em aberto o "problema palestino", mas estava longe, naquele momento, de ser uma "tragédia palestina".

O QUE É UM ESTADO LEGÍTIMO?

No prefacio de *As palavras e as coisas*, Foucault cita um trecho de Borges extraído do conto "O idioma analítico de John Wilkins". Há ali referência a certa enciclopédia chinesa intitulada *Empório celestial de conhecimentos benévolos*, na qual consta que os animais se dividem em quatorze categorias:

1. Pertencentes ao Imperador;

2. Embalsamados;

3. Amestrados;

4. Leitões;

5. Sereias;

6. Fabulosos;

7. Cães vira-latas;

8. Os que estão incluídos nesta classificação;

9. Os que se agitam feito loucos;

10. Inumeráveis;

11. Desenhados com um pincel finíssimo de pelo de camelo;

12. Etecetera;

13. Os que acabaram de quebrar o vaso;

14. Os que de longe parecem moscas.

Esse trecho convida o leitor a pensar nas diversas possibilidades de classificação das coisas, em total desprezo por qualquer ordem consensual, colocando em xeque as formas estabelecidas de organizar o saber. De modo similar, pode-se fazer uma classificação esdrúxula das espécies de Estados que compõem o mundo:

1. Seus habitantes falam a mesma língua e gostam da mesma comida;

2. Suas fronteiras são rios cujos nomes começam com a letra P, J ou A;

3. Seu rei vem de uma dinastia de quinhentos anos;

4. Seu direito de existir provém de uma promessa divina;

5. Seus habitantes pertencem todos à mesma família;

6. Seus portos são protegidos por piratas;

7. Sua comunidade partilha uma história, uma cultura e uma origem étnica comum;

8. Seus habitantes pagam impostos aos países vizinhos para que estes os deixem em paz.

Tal lista revela (e ridiculariza) a dificuldade em teorizar o direito de definir Estados num universo no qual há mais de duzentos deles.

Mas, tratando-se do período colonialista no Oriente Médio, é necessário pensar as respectivas peculiaridades na formação dos Estados da região no século xx.

Com o colapso do Império Otomano, as novas potências colonialistas impuseram uma divisão territorial sem relação com os diferentes aspectos étnicos, religiosos, comunitários e históricos das diversas populações que compunham o antigo Império.

Como escreve Edward Said em *Orientalismo*, o Oriente Médio e uma invenção colonial que serve às intenções do Ocidente eurocêntrico de estender sua esfera de influência mediante a "civilização" do Oriente. A tentativa das potências ocidentais em modernizar a região se caracterizou pelo seu teor colonialista e orientalista. Facilitando a participação desses Estados no mundo capitalista ocidental, como objeto de exploração, exportando matérias-primas e dependendo da ordem mundial ditada pelo Ocidente, as potências asseguraram um modelo colonizador que substituiu o Império Otomano.

Pode-se então acrescentar uma nova categoria naquela lista borgiana, que caracteriza os Estados criados no Oriente Médio como "aqueles cujo território possui um sistema administrativo reconhecido diplomaticamente por outros países, em particular as potências".[29] Tal definição se encaixa na disputa que rege o conflito palestino-israelense.

Na discussão acerca da legitimidade dos novos Estados de Israel e da Palestina propostos pelo plano de partilha, de fato prevaleceu este critério. Retrospectivamente, ele quase se concretizou como uma realidade histórica.

Seguindo esse critério, argumentos e considerações como passado bíblico, aspirações milenares, promessa divina etc. (referentes aos judeus), ou dúvidas sobre a autenticidade das origens e a profundidade das raízes históricas (referente aos palestinos) se tornam inúteis e perdem relevância. Ainda segundo esse critério, a partilha se justificaria pelos interesses políticos, e a ambos os lados conviria aceitá-la.

---

29. Mingst K. e Arreguin-Toft I., *Essentials of International Relations*. Nova York: W. W. Norton & Company, 2016, p. 134.

VAE VICTIS (AI DOS VENCIDOS)[30]

Com a aprovação do plano de partilha pela ONU no final de 1947, começou um período de violência que assumiu o aspecto de uma guerra civil entre judeus e palestinos.

A liderança palestina não compreendeu a nova realidade, a saber, que a criação de um Estado judeu depois do Holocausto era irreversível de um ponto de vista geopolítico. Poderia ela ter compreendido, dada sua fragilidade? Em todo caso, os palestinos, que não tinham uma força centralizada, mas sim milícias dispersas, concentraram seus esforços em operações de guerrilha contra caravanas de veículos que transportavam mantimentos e munição entre diferentes localidades judaicas. Ao contrário dos mitos sobre a superioridade de suas forças, nesta etapa a comunidade experienciava uma vulnerabilidade extrema, com localidades isoladas, em situação de risco, sem contar as centenas de mortos das caravanas que caíam nas emboscadas. A desmoralização era tal que o governo norte-americano chegou a ponderar uma volta atrás na decisão da partilha e até conjecturou prolongar o Mandato Britânico, temendo que a comunidade judaica sucumbisse no confronto.[31]

Esse momento delicado no início de 1948 marca uma ruptura decisiva no desenrolar dos acontecimentos, numa direção da qual não haveria mais volta. Era um ponto de não retorno. Os judeus, já antecipando tratar-se de uma questão de tempo até que os países árabes vizinhos invadissem a Palestina, decidiram sair de uma posição defensiva para uma ofensiva.

Evidentemente, havia planos alternativos para cenários ofensivos, e não foi de um dia para o outro que tal decisão foi tomada. Para os judeus, a partilha já era um êxito formidável, apesar da fragilidade da situação e da precariedade geográfica do mapa desenhado pelas potências. A liderança militar e política dispunha de

---

30. "Triste sorte aquela reservada aos derrotados", expressão latina originada na batalha entre gauleses e romanos em 390 a. C.

31. Benny Morris, *1948 – A History of the First Arab Israeli War*. Tel Aviv: Am Oved, 2010, p. 135.

um poder suficiente e de um pragmatismo eficaz para evitar uma guerra generalizada que pusesse em risco a criação do Estado. Por isso estava empenhada em defender o território garantido pela partilha. Uma vez que a mera defesa desse território foi se revelando insustentável, decidiu-se partir para o ataque.

Nessa transição, portanto, tudo mudou. O que se chamou Plano D (*Dalet*) das forças israelenses visava garantir o livre acesso a todas as localidades e proteger os comboios contra os ataques. Para levar a cabo tais objetivos, conquistaram muitas aldeias palestinas vizinhas às estradas, desocupando-as de seus habitantes. Em alguns casos, aconteceram massacres de inocentes. Um sentimento de pânico levou muitos palestinos a fugirem de suas casas. Esse Plano D é bastante discutido na historiografia do conflito, já que causou uma mudança radical no rumo dos acontecimentos. Há quem diga que era um plano premeditado da liderança judia com o intuito de sabotar a criação do Estado palestino e ocupar seus territórios, e há os que creem que ele apenas se tornou concreto como reação aos ataques. Sem os ataques palestinos, talvez os planos fossem esquecidos dentro das gavetas e a situação não se degradasse como aconteceu, porém não há consenso a respeito.

Mas, no momento em que o plano foi adiante, revelou-se agressivo e, de certa forma, vingativo. A ação mais significativa foi concentrar a ofensiva nas cidades mistas, onde conviviam palestinos e judeus. Ao contrário da área rural, esses eram os centros de poder da sociedade civil palestina. Os ataques à população palestina em Haifa, Jaffa e Tiberíades produziram uma fuga em massa de quase todos os moradores palestinos. A conquista destas cidades e a fuga massiva afetou as aldeias próximas, que também se esvaziaram, facilitando a conquista de inúmeros territórios adicionais. Paralelamente, enormes carregamentos de armas começaram a chegar da Tchecoslováquia (com o apoio da União Soviética), aumentando de modo considerável o arsenal das forças judias.

No dia 14 de maio de 1948, terminou oficialmente o Mandato Britânico e o Estado de Israel foi proclamado. Ainda que sem fronteiras definitivas, elas eram consideravelmente maiores do que as previstas na partilha, dadas as últimas conquistas.

Em seguida, como era de esperar, os países árabes vizinhos (Egito, Síria, Jordânia, Líbano e também o Iraque) invadiram Israel, oficialmente por solidariedade árabe, mas principalmente por interesses próprios de expansão (como a Transjordânia). E assim a proclamação do Estado da Palestina foi esquecida.

Os combates duraram mais de seis meses, com batalhas que envolveram não só os exércitos e as milícias, mas igualmente os civis. Também nesta invasão, a posição de Israel era inicialmente de defesa dos territórios povoados por judeus, mas, à medida que a superioridade militar prevaleceu, partiu para uma contraofensiva que terminou com a conquista de uns 20% adicionais de territórios habitados por palestinos. Os acordos de cessar-fogo entre Israel e cada um dos países foram assinados nos primeiros meses de 1949.

O resultado dessa guerra, em continuação à guerra civil que a antecedeu, foi que Israel ocupou uma parte importante do território que pertenceria ao Estado palestino, a Jordânia fez o mesmo com a Cisjordânia, e o Egito igualmente com a faixa de Gaza.

Khalidi questiona como a sociedade palestina colapsou de forma tão rápida nessa guerra, como a fuga e a expulsão aconteceram tão facilmente, e como a liderança esteve tão ausente. Ele descreve os obstáculos políticos internos que limitaram as ambições palestinas de independência como "uma jaula de ferro" colonial, à qual os palestinos estavam condicionados e da qual não se esforçaram para sair, resignados com a própria impotência.[32]

Mais de setecentos mil palestinos foram expulsos ou fugiram de suas casas. Uma minoria permaneceu em suas aldeias ou cida-

---

32. Rashid Khalidi, *The Iron Cage: the Story of the Palestinian Struggle for Statehood*. Boston: Beacon Press, 2007, p. 68.

des em Israel. E a tragédia se completou quando Israel proibiu que os expulsos e foragidos retornassem a suas casas depois do cessar-fogo, o que os transformou em refugiados.[33]

Os motivos eram claros: criar uma continuidade territorial entre diferentes concentrações de localidades judias isoladas entre si antes da guerra, manter uma profundidade estratégica e obter mais terras para futura colonização.

Em um prazo de tempo curtíssimo, o Estado destruiu todas as localidades palestinas desocupadas, apagando os vestígios de sua presença. A recente expulsão de centenas de milhares de palestinos, bem como a propriedade de suas terras, tinha que ser esquecida como se jamais tivesse ocorrido. Uma nova narrativa estava se produzindo em tempo real, com um discurso estatal hegemônico que criava a ilusão de que Israel se expandia em terras vazias. Nomes de centenas de localidades foram apagados da história, e milhares de casas foram demolidas para apagar a própria memória. Desse modo,

> por intermédio do desaparecimento de vestígios do passado cultural palestino na paisagem, Israel fez desaparecer a ligação deles com a terra e enfraqueceu o seu argumento de demandas futuras. Assim, os palestinos foram apagados da memória coletiva do lugar.[34]

Mais de quatrocentas aldeias e vilarejos desapareceram do panorama. A documentação detalhada se encontra no livro *All that Remains – the Palestinian Villages Occupied and Depopulated by Israel in 1948*, editado por Walid Khalidi.[35] E a maioria dos um milhão e quatrocentos mil palestinos se tornou refugiada.

Pode-se dizer, portanto, que o recém-criado Estado de Israel não só apagou os acontecimentos recentes, mas também inventou uma narrativa que corroborasse o falso mito do começo do sionismo, de que um povo sem terra chegou a uma terra sem povo. A exclusão dos palestinos da nova historiografia estatal

---

33. Benny Morris, *The Birth of...*, op. cit., p. 254.
34. Noga Kadman, *Erased from Space and Consciousness. Israel and the Depopulated Palestinian Villages of 194*. Jerusalém: November Books, 2008, pp. 38-39.
35. Walid Khalidi, *All that remains – the Palestinian villages occupied and depopulated by Israel in 1948*. Washington D. C.: Institute for Palestinian Studies, 1992.

provocou o debate sobre "se existe um povo palestino". A prática colonizadora do sionismo não podia ser poluída com os vestígios dos vilarejos abandonados, pois corria-se o risco de que o sujeito sionista, jovem e idealista, pudesse questionar a moralidade dos fatos. Por isso se apagaram não só os vestígios da presença dos palestinos, mas de sua existência mesma. Nesse novo discurso, não houve expulsão de palestinos por Israel, mas um problema de refugiados (que teriam fugido) não resolvido pelo mundo árabe de forma proposital, por motivos propagandísticos contra Israel.

Tanto na primeira fase dessa guerra (entre os palestinos e os judeus, antes do fim do Mandato) como na segunda (entre os exércitos árabes e o Exército israelense, após a proclamação da Independência do Estado de Israel), havia uma ameaça real e concreta de colapso e destruição da comunidade judaica, com intenções claras dos países árabes e dos palestinos em levar a cabo o fim do projeto sionista, recusando a resolução da partilha. A reação israelense, em ambas as fases da guerra, resultou em uma expansão territorial e uma limpeza étnica injustificável. O que era o "problema palestino", isto é, a criação de uma entidade nacional judaica dentro de um mundo árabe e predominantemente muçulmano, ocupando uma parte da Palestina, transformou-se na "tragédia palestina" (a Nakba), na qual os palestinos ficaram privados de um Estado independente e se tornaram, em sua maioria, refugiados em terras alheias.

A METAMORFOSE COM O ADVENTO DO ESTADO

O Estado recém-criado, que, em 1947, aceitou a partilha da Palestina, mas em menos de um ano conquistou um extenso território reservado ao Estado palestino, livrou-se da maioria deles, apagou sua memória, e que agora questionava "se existe um povo palestino", supremo ato de deslegitimação, se transformaria em uma potência militar regional ativa.

De forma imediata, Israel impôs um regime militar doméstico

sobre a população palestina que permaneceu no interior do país, regime que incluía um controle de movimento das pessoas e um toque de recolher diário, ao anoitecer. Tal regime perdurou até 1966.

As práticas israelenses, com a conquista de parte dos territórios que pertenceriam a um futuro Estado palestino, a expulsão da maior parte da população que lá vivia, e com o controle militar autoritário exercido sobre a minoria que sobrou, adquiriram um caráter colonialista, que pouco tinha a ver com os esforços em criar uma entidade nacional para judeus perseguidos.

De maneira previsível, o resultado adverso da guerra de 1948 acentuou a oposição dos países vizinhos contra Israel, assim como levou à criação de grupos paramilitares palestinos (bastante orientados para operações terroristas), com bases nos países árabes. As ações dos países vizinhos e dos grupos paramilitares se traduziram em escaramuças constantes nas fronteiras, mas não só, incluindo atentados contra civis que, por sua vez, desencadearam represálias por parte de Israel.

Os anos seguintes testemunharam uma série contínua de guerras, campanhas militares e atentados contra civis, sem praticamente nenhum período de paz. Eis uma brevíssima lista de aventuras militares desse período:

▷ Em 1956 Israel invadiu o Egito numa operação militar combinada com a França e com a Inglaterra, que queriam recuperar o controle do Canal de Suez, recém-nacionalizado pelo presidente egípcio Nasser. A invasão resultou na conquista da Península do Sinai por Israel, até que os EUA obrigassem Israel e os aliados europeus a se retirarem do Egito. É significativo o fato de que, após a conquista, o primeiro-ministro Ben-Gurion tenha declarado na Knesset, o Parlamento israelense, que "esse era o terceiro Reino de Israel", referindo-se às narrativas bíblicas supostamente gloriosas. Tal ato revela a metamorfose nas intenções e nas práticas de Estado, que se agravariam nos anos seguintes;

▷ Em 1967 o Egito, a Jordânia e a Síria declararam sua intenção de invadir Israel, e, em posição de ataque, aproximaram suas tropas da fronteira. Assim como na guerra de 1948, a população de Israel sentiu o perigo de ser invadida e destruída. O governo israelense, ao invés de se conduzir como em 1948, assumindo inicialmente uma tática defensiva, pôs em marcha uma ofensiva massiva, e, em cinco dias, destruiu os exércitos árabes e conquistou territórios de todos os três países. Na continuação, aplicaram-se as práticas imperialistas já vistas anteriormente;

▷ Nas colinas de Golan conquistadas da Síria, onde viviam noventa mil habitantes, restaram, dois meses após o fim dos combates, somente seis mil e trezentos habitantes, quase todos drusos. Os demais foram expulsos. Nos anos seguintes, Israel anexou de fato o território, onde vivem hoje quase trinta mil israelenses, em mais de trinta localidades;

▷ Na Península do Sinai e na Faixa de Gaza, conquistadas do Egito, não houve expulsão dos habitantes, mas foram criadas colônias israelenses tanto nas costas do Sinai como dentro da Faixa de Gaza (onde a maioria da população era de refugiados da guerra de 1948 e seus descendentes). As colônias do Sinai foram removidas com o acordo de paz assinado mais tarde entre Egito e Israel. As de Gaza foram retiradas depois da assinatura do acordo de Oslo com os palestinos. Em Gaza, vivem dois milhões e duzentos mil palestinos;

▷ Na Cisjordânia, conquistada da Jordânia, onde parte da população era de refugiados da guerra de 1948 e seus descendentes, em que todos os habitantes tinham cidadania jordaniana, os assentamentos israelenses se multiplicaram. Sendo um território associado à tradição judaica através dos textos bíblicos, e tendo uma importância tanto religiosa quanto histórica para os judeus, Israel expressou desde o fim da guerra sua intenção de se apossar das terras e povoá-las. A população palestina não foi removida, mas, desde então, mais de quatrocentos mil judeus se transferiram para as terras da Cisjordânia, distribuídos em aproximadamente duzentos assentamentos. A coexistência de judeus e palestinos neste pedaço de terra se tornou o tema mais problemático e dramático desde a Nakba. Segundo o acordo de

Oslo, uma parte do território deveria ser destinada a se tornar o Estado palestino, mas com o colapso do acordo, sobraram do futuro Estado sete cidades palestinas autônomas e separadas geograficamente, funcionando como enclaves segregados. O restante dos palestinos estão sob regime militar israelense. Na Cisjordânia, vivem dois milhões e setecentos mil palestinos;

▷ Em 1982, como represália aos bombardeios incessantes realizados pela Fatah palestina, cujas bases localizavam-se próximas da fronteira, Israel invadiu o Líbano, e controlou a parte sul do país por dezoito anos, até 2000, quando se retirou. Quase vinte mil pessoas morreram nesse período, a grande maioria civis. Em 2006, a invasão se repetiu, desta vez por causa de incidentes com o Hezbollah (que substituiu a Fatah na região), e durou dois meses.

▷ Desde 2007, quando o Hamas tomou o poder na Faixa de Gaza, em substituição à Fatah, a prática de bombardeios terrestres a localidades civis israelenses se tornou comum. Israel realizou oito incursões terrestres de duração variável. Desde 2007, quando o Hamas tomou o poder na Faixa de Gaza, em substituição à Fatah, a prática de bombardeios terrestres a localidades civis israelenses se tornou comum. Israel realizou oito incursões terrestres de duração variável;

▷ Em 7 de outubro de 2023 o Hamas realizou o ataque mais cruel de sua história, matando mil e duzentos israelenses e destruindo parcialmente mais de dez localidades, praticando degolas em bebês, estupros, mutilações e rapto de reféns. Em represália, Israel invadiu a Faixa de Gaza, onde permanecia em março de 2024. Nos bombardeios massivos, morreram quase trinta mil palestinos, a maioria civis, dos quais 20% a 30%, aproximadamente, eram crianças. Mais de trezentas mil moradias foram atingidas, sendo que muitas delas foram totalmente destruídas, tornando-se inabitáveis. Tais atos são, hoje em dia, denominados "domicídios", pois com a destruição massiva de casas e infraestrutura urbana, uma população imensa de refugiados não tem para onde voltar, e passa a viver em regime precário em meio às ruínas.

Propositalmente, este resumo é curto e seco, como uma lista

de supermercado. Ele não conta as tragédias pessoais e coletivas de ambos os lados. O sangue derramado e os corpos enterrados são o cenário que bloqueia um discurso conciliador que substituiria o da vingança. Os ecos do Holocausto e da Nakba reverberam continuamente em novas vítimas de cada ato militar ou terrorista, como um monstro que, alimentado incessantemente, não para de crescer, e se torna a cada dia mais amedrontador e ameaçador.

Israel vive uma situação de conflito permanente com os vizinhos, mesmo tendo assinado acordos de paz com o Egito e a Jordânia (o de Oslo com os palestinos fracassou). O que mais chama atenção é a prática repetitiva de ataques incessantes a Israel (seja mediante ataques terroristas contra civis, seja no lançamento de mísseis fronteiriços), seguidos por uma invasão israelense de represália, como uma experiência pavloviana, e que não resolve nada.

No que se refere ao lado palestino, é necessário analisar certas práticas de resistência, por mais legítima e justa que esta seja. Por anos, a estratégia adotada pelos palestinos foi incapaz de recrutar o apoio internacional necessário para sua causa. Os ataques terroristas contra civis, que caracterizaram as diferentes facções palestinas que obtiveram êxito parcial em trazer à tona o problema palestino, a partir de certo momento acabaram prejudicando a causa e provocaram sua marginalização. Tanto o Ocidente como o mundo árabe repudiaram a constante estratégia da violência e mantiveram uma distância prudente em relação à resistência palestina.

A revolta palestina de 1987 nos territórios ocupados (a Primeira Intifada) foi um catalisador que empurrou a Fatah a organizar instituições internas que pudessem servir de base a um futuro Estado palestino. Declararam o abandono da luta armada, culminando com o acordo de Oslo, que definia uma transição para um Estado palestino independente em várias fases, cada uma a ser realizada se a anterior se completasse satisfatoriamente. Após três anos, motivados por uma desconfiança em relação às intenções israelenses de cumprir sua parte no tocante às etapas previstas, teve início uma nova revolta (a Segunda Intifada), que se caracterizou por atentados terroristas contra a população civil, o que levou a um colapso quase total do acordo. Alguns consideram que a Fatah não agiu de forma pragmática, como se espera da liderança política de uma população que almeja sua independência, saindo enfraquecida tanto aos olhos dos palestinos quanto dos aliados internacionais. Repetiu-se o que Khalidi chamou de "jaula de ferro", em referência ao fracasso de 1948, quando a independência não foi alcançada. Mais uma vez, a liderança palestina parece não ter superado a condição de entidade colonizada que, ao vitimizar-se, fica restrita à reação.

Quanto ao lado israelense, a prática de expansão territorial como resposta a uma fricção e a uma ameaça incessantes se tornou um padrão. As invasões israelenses, nesses setenta e cinco anos desde a criação do Estado, variam entre operações táticas que "limpam" a área de onde partem os ataques, até conquistas permanentes seguidas de presença militar de longa duração ou de povoamento por civis visando uma anexação.

Estas práticas, que são caracterizadas pelos israelenses como autodefesa legítima e necessária, são de caráter imperialista, alegando o direito de invadir, destruir, expulsar e interferir em políticas de outros países segundo considerações estratégicas, assim como de controlar populações conquistadas, explorar recursos econômicos dos territórios etc. A propalada imagem de vítimas eternas pretende legitimar um uso ilimitado da força, criando um contraste extremo com o sentimento incessante de ameaça à própria existência.

Internamente, a população de Israel vive praticamente em um eterno estado de exceção, que permite ao governo impor e revogar medidas antidemocráticas justificadas pelo estado de emergência. O estado de exceção se refere às situações contraditórias que são consideradas "excepcionais", como guerras (incluindo mobilizações de civis com esse propósito) e repressão interna contra inimigos (incluindo censura e detenção preventiva arbitrária). Nessas situações, o Estado utiliza dispositivos legais para suprimir os direitos civis. Citando Agamben: "O estado de exceção apresenta-se como a forma legal daquilo que não pode ter forma legal".[36]

---

36. Giorgio Agamben, *Estado de exceção, Homo Sacer II, I*. São Paulo: Boitempo, 2004, p. 12.

Mas o *leitmotiv* que acompanha todos esses anos de violência é a tragédia palestina. Israel sempre acusa o lado oposto de intransigência e se recusa a chegar a qualquer solução, porém as práticas israelenses não são limitadas à defesa e à proteção do país. Na realidade, Israel se apodera de mais territórios e se expande às custas dos palestinos, abortando a possibilidade de que tenham um Estado, o que não impede Israel de declarar que espera do outro lado intenções sinceras de paz.

Este é o drama dos territórios ocupados da Cisjordânia, cobiçados por Israel sob o pretexto de terem sido o lugar bíblico dos judeus antes da diáspora.

Vale lembrar que, segundo a lei internacional, um país ocupante pode manter forças militares em terras conquistadas, mas não pode trazer população civil para povoá-lo. Como parte de suas obrigações, deve assegurar os direitos civis da população que habita essas terras e o funcionamento dos serviços públicos.

Em teoria, com o fim da Guerra de 1967 e a conquista da Cisjordânia, Israel poderia ter escolhido manter a presença militar para evitar possíveis represálias da população, e assim preservar uma certa ordem civil, à espera de que se negociasse um acordo entre os lados. O envio de população civil para povoar os territórios conquistados, proibido pela lei internacional, provou que as intenções israelenses eram outras.

Israel sempre desrespeitou as leis internacionais, e fez de tudo para enviar uma população civil (judeus) cada vez mais numerosa para morar na Cisjordânia. Alegando direitos históricos baseados na narrativa bíblica e, portanto, uma ligação metafísica com os lugares ditos sagrados, foi se apossando pouco a pouco das terras palestinas.

Aproveitando-se das falhas nos registros de terras palestinas, herança da época do Império Otomano, e não modificadas desde então, criou uma máquina bem lubrificada de identificação de terras palestinas vulneráveis à expropriação, desalojando mais e mais habitantes, e enviando mais e mais colonos em seu lugar. Em contraste com as práticas do sionismo no início do século XX, que buscavam criar um "novo judeu" capaz de ser dono de seu trabalho, e não explorar a população nativa, os colonos de hoje empregam a população palestina dos territórios ocupados como mão de obra barata para a construção de suas casas nos assentamentos e em quase todos os trabalhos menos nobres. Além disso, monopolizam a exploração de recursos naturais (como a apropriação dos poços artesianos), recriando o modelo clássico do colonialismo europeu do século xx.

Intencionalmente, o povoamento foi realizado também em lugares próximos a localidades palestinas, criando um complexo xadrez geográfico que bloqueia a continuidade territorial palestina, de modo a tornar inviável um futuro Estado palestino.

A alegação de que a presença militar israelense nos territórios ocupados é necessária em razão do perigo constante de atos de resistência e de possíveis atentados contra civis perde a validade, uma vez que o povoamento de colonos em si se torna um problema de segurança muito mais grave, o que exige a intensificação da presença militar.

E mais: como a colonização é patrocinada e impulsionada pelo Estado, o exército faz parte integral do processo de colonização, e dedica seus esforços a medidas de repressão e controle da população palestina. De outra parte, sendo o Exército israelense composto de regulares e reservistas provenientes de todas as camadas da população, o Estado passou a fazer uma seleção de quem presta o serviço na Cisjordânia, a fim de evitar críticas e até mesmo desobediência por parte de soldados que presenciam as práticas repressivas. Gradualmente, as forças de segurança na Cisjordânia passaram a ser selecionadas de modo a incluir os próprios colonos, garantindo uma uniformidade ideológica obediente e comprometida, tornando-se praticamente um "exército particular dos colonos".

No que diz respeito ao plano jurídico, os colonos judeus, como cidadãos israelenses, estão submetidos ao sistema jurídico estatal, em contraste com a população palestina, submetida ao sistema jurídico-militar de ocupação.

Desse modo, formou-se um "Estado dentro de um Estado",

com práticas segregacionistas, repressivas e imunes a qualquer critério de punição. Quase a totalidade das queixas contra os colonos (denunciados por ONGs de direitos humanos) são ignoradas, e os meios de comunicação, na sua grande maioria, se abstêm de divulgar os abusos e os excessos dos colonos (e do exército), concentrando-se apenas nos atos de resistência palestina (tachados automaticamente de terroristas).

O *APARTHEID* NOS TERRITÓRIOS
OCUPADOS DA CISJORDÂNIA

A Cisjordânia é o caos.

Dificilmente se encontrará uma situação tão *sui generis* em outra parte do mundo. Ali, vive-se uma experiência diária e interminável de controle e opressão insuportável que já dura décadas, e se agrava cada vez mais. Não só como um caso extremo de estado de exceção, mas como um experimento biopolítico de controle das vidas de palestinos, sujeitos a todo tipo de abuso arbitrário, privados de direitos políticos, limitados em direitos civis, e na iminência de perder direitos humanos (o perigo permanente de despossessão, de expulsão e de morte).

Não é mais possível falar do problema dos territórios ocupados da Cisjordânia como um problema exclusivamente territorial, embora aparentemente tudo gire em torno desse eixo. Ao que parece, os problemas residem na dimensão do espaço: não se definem fronteiras, há uma luta contínua pela terra, e cada disputa por alguma colina semidesértica se transforma numa crise internacional.

Mas talvez seja necessário pensar que o grande problema desse lugar reside na dimensão do tempo, e não apenas do espaço. Esse conflito interminável não se resolve porque sempre "há algo por acontecer". E enquanto tudo acontece de modo trágico e ininterrupto, Israel transmite a aparência de um tempo suspenso, descrevendo a ocupação como "temporária". Coexistem assim dois tempos: o real e o fictício. O tempo está fora dos eixos. Nesse tempo sem limites, os judeus estão sempre se protegendo do antissemitismo e de qualquer inimigo que surja, e os palestinos não cessam de retornar às terras das quais foram expulsos ou fugiram. A batalha por cada colina não se disputa pelos oitocentos quilômetros quadrados semiáridos, mas pelo passado que nunca acaba e pelo futuro que nunca chega. Há algo prestes a acontecer e ao mesmo tempo algo que nunca deixou de acontecer. O presente é então aquele momento ilimitado em que todo o passado ressoa e todo o futuro se projeta. E assim estão todos presos numa armadilha mental que imobiliza toda e qualquer linha alternativa, perfazendo um estado de suspensão.

O *apartheid* nos territórios ocupados da Cisjordânia nasceu exatamente desse tempo fora dos eixos. Mais exatamente, é fruto do uso cínico e mal-intencionado desse tempo metafísico.

Há algumas décadas, a lei internacional definiu o *apartheid* como uma política de discriminação declarada pelo governo sul-africano. "Declarada" é a palavra-chave desta definição, pois os atos discriminatórios respaldavam-se na lei sul-africana, o que justificou sua denúncia. Na Cisjordânia sob a ocupação de Israel nunca houve tal declaração, pois, segundo os vários governos desde 1967, há algo em vias de acontecer, tudo é temporário. Esse é o tempo em suspensão. Os governos israelenses reiteradamente asseveraram a existência de um processo de paz por vir, e a transitoriedade da discriminação, de modo que tudo se encontra num estado de espera, seja de circunstâncias propícias, seja de um adversário palestino mais manso. Um tanto cínicas, tais declarações, no decorrer dos anos, protegeram os governos israelenses da acusação de *apartheid*. Em suma, sob o fundo de um recalque da ocupação, que conflita com a imagem própria de uma sociedade civilizada e humana, a recorrente manipulação cínica possibilitou a discriminação, a segregação e a posse ilícita.

Nesse estado de suspensão, em que tudo é temporário, a vida dos palestinos perde qualquer significado. E uma vez que tudo é arbitrário e nada pode ser condenado, já não há critérios que definam direitos, sejam eles políticos, civis ou até humanos. Tal qual num conto kafkiano, a saída de um local de trabalho pode terminar num encarceramento por falta de algum documento. A caminhada até a escola pode ser de três quilômetros em lugar de trezentos metros, pois alguma nova barreira foi erguida de madrugada. E as invasões domiciliares noturnas desfazem os limites sagrados de privacidade dos lares.

A possessão ilícita das terras de palestinos passa impune porque se supõe que, quando for assinado um acordo, a justiça será feita. Assim, juntamente com o tempo, também a ética e a justiça estão em estado de suspensão.

Como pessoas cultas e civilizadas podem viver em Israel como cidadãos do primeiro mundo quando, lá no quintal dos fundos, milhares de pessoas são vítimas de seus atos? Pois bem, basta integrar os palestinos naquela lista interminável de inimigos que povoam o passado que jamais termina e que a memória não deixa esquecer. É certo que muitos dos árabes palestinos são inimigos dos judeus, e não se pode negar os traumas de uma história recente de muito sangue e sofrimento, tangível a cada momento e em cada família judia em Israel. Mas, em lugar de buscar a conciliação e o acordo, escolhe-se o caminho fatalista, pois os inimigos estão ali pela eternidade, no futuro que nunca chega. E como não? Há sempre um "processo de paz" a caminho, tão fictício que se transformou numa farsa explícita.

E eis que, finalmente, cai a máscara e a manipulação é denunciada. Os atos violentos da ocupação da Cisjordânia não podem mais ser ocultados pela suspensão do tempo e finalmente se veem obrigados a sair do parênteses em que foram postos. As peças do quebra-cabeça se juntam e os cinquenta e seis anos de ocupação são descritos de forma simples e seca: trata-se de *apartheid*.

Para justificar tais condutas, o argumento mais comum, por parte do lado forte, é afirmar que, se as posições de forte e fraco fossem invertidas, seria talvez o fim de Israel e, portanto, não há alternativa. Esse argumento sai da boca de pessoas que se sentem vítimas eternas do antissemitismo, descendentes de judeus que há setenta e cinco anos viveram o Holocausto; pessoas que, mais que tudo, enfrentaram ondas de terror incessantes por parte dos palestinos. O problema deste argumento, contudo, é que, a partir de uma posição de força insuperável (os judeus sempre foram mais fortes que os árabes nos últimos setenta e cinco anos), atos violentos foram sendo cometidos de forma metódica, destruindo a textura da vida dos palestinos na Cisjordânia. Orientado por um messianismo religioso fanático de colonos cujo apetite é insaciável, tal argumento se reduz a uma retórica oca e a conduta se torna uma norma viciosa.

O discurso israelense sempre foi o da vítima que reage a uma hostilidade que supostamente nunca teria desaparecido. Tal discurso pode ter sua lógica, já que a resistência palestina é muitas vezes intransigente e violenta. No entanto, por trás desse discurso há um mecanismo de controle bem articulado, que se baseia numa separação física que sufoca a vida dos palestinos. E há recorrentemente algum plano alternativo que é posto em prática após algum evento dramático, como uma guerra ou um atentado cruel, ou até mesmo após pequenos incidentes. Essas reações não significam que haja um plano concreto de expulsão, exceto nos partidos religiosos fascistas que em março de 2024 fazem parte da coalizão que governa o país (o que não é pouca coisa...). Os eventos sucedem de forma contingente, e a cada momento há encruzilhadas onde se decide o rumo a tomar. E os planos estão sempre disponíveis, para que a decisão a ser tomada seja a do uso da força.

Na guerra de 1967, ao contrário daquela de 1948, os palestinos da Cisjordânia adotaram a estratégia do *tzumud* – apegar-se à terra a qualquer preço e não desertar –, para não repetir o erro que cometeram dezenove anos antes. Desde então, Israel manda colonos se estabelecerem nesses territórios ocupados, porém, apesar desses esforços, os palestinos constituem hoje a grande maioria, perfazendo mais de 85% da população da Cisjordânia. Em outras palavras, as práticas de incorporação dos palestinos como cidadãos israelenses, efetuadas em 1948 (quando eram menos de 20% da população), não podem ser repetidas sem que os judeus percam a maioria demográfica. Neste cenário impossível, desenvolveram-se pouco a pouco as práticas que se cristalizaram num *modus vivendi* que se define como *apartheid*.

O que temos na Cisjordânia, então, é um regime étnico--colonialista no qual a superioridade é traduzida na total prevalência do colonizador sobre o colonizado. Um mundo sem normas e sem leis, nas mãos de uma minoria fanática que conta com o respaldo tanto político quanto econômico e militar do governo.

Dada a polêmica sobre a pertinência da definição de *apartheid*, cabe aqui citar por inteiro um parecer jurídico elaborado por Michael Sfard e publicado em 2020 pela ONG Yesh Din,[37] da qual faz parte um dos autores deste livro. Nele, define-se o regime existente nos territórios ocupados da Cisjordânia (regiões B e C, segundo os acordos de Oslo). Sfard é advogado e ativista político especializado em Direitos Humanos Internacionais e em Leis de Guerra, e representa inúmeras organizações de paz e de direitos humanos, israelenses e palestinas, bem como diversos movimentos e ativistas, diante da Suprema Corte de Israel.

A DEFINIÇÃO DO CRIME DE *APARTHEID*[38]

A origem histórica e o processo de criminalização do *apartheid* como crime internacional

Apartheid significa separação em africâner, e é a denominação de um sistema de governo e de uma ideologia específica de um certo lugar, num momento específico da história do século XX. Em 1973, a Assembleia Geral da ONU aprovou o texto da Convenção Internacional para a Supressão e Punição do Crime de Apartheid (International Convention on the Suppression and Punishment of the Crime of Apartheid), ou Convenção Apartheid, que trata da eliminação e da punição do crime denominado *apartheid*, definindo-o como crime contra a humanidade.

---

37. A Yesh Din, literalmente "Há Justiça", pesquisa, documenta e divulga as violações sistemáticas de direitos humanos na Cisjordânia. No plano individual, disponibiliza auxílio legal às vítimas de tais violações. No plano público, realiza estudos que denunciam o caráter estrutural inerente às violações. As atividades, destinadas às autoridades israelenses e ao público, são uma tentativa de obrigar Israel a respeitar as normas e leis internacionais.
38. Michael Sfard e Yesh Din não se responsabilizam pela tradução.

Em 2002, entrou em vigor o Estatuto de Roma, que institui a Corte Penal Internacional de Haia. O estatuto inclui o *apartheid* na lista de crimes contra a humanidade sob a autoridade da Corte.

A proibição do *apartheid*, no decorrer dos anos, passou a ser considerada *jus cogens* (direito cogente), que compreende "as normas peremptórias, imperativas do direito internacional" que cancelam qualquer norma ou acordo internacional que as contradiga.

Assim, a Convenção Apartheid de 1973 e o Estatuto de Roma de 2002 são a base legal do combate ao *apartheid*. Segundo ambos, o *apartheid* se define como atividade inumana executada por regimes de controle e opressão sistemáticos de um grupo racial sobre um outro grupo racial, tendo como objetivo preservar o regime de controle e opressão.

Nesse parecer jurídico, adotou-se uma interpretação minimalista, examinando apenas atos que se encaixam na categoria de "atos desumanos", como se define em ambos os documentos.

Os componentes de tal delito que se consolidaram, desde então, no Direito Internacional, são os seguintes:

1. A existência de grupos raciais distintos (segundo a definição ampliada do termo "grupo racial" no Direito Internacional);

2. Suas respectivas ações, que fazem parte de um acosso sistemático ou amplo da população civil;

3. O contexto no qual o regime exerce o domínio de um grupo sobre um outro, oprimindo-o sistematicamente;

4. A execução de um ou mais atos definidos como desumanos segundo a Convenção Apartheid e o Estatuto de Roma;

5. A execução de tais atos com o objetivo de preservar tal contexto;

6. O elemento mental dos executantes de tais atos, estando cientes da existência dos componentes acima descritos.

O crime do *apartheid* é cometido nos territórios ocupados da Cisjordânia?

Na definição de discriminação racial presente no estatuto, a motivação da discriminação internacional foi se ampliando, e, ao invés de se restringir ao significado reduzido de grupos étnicos, cuja diferença está focada em classificações biológicas e genéticas, estendeu-se a uma visão social, que examina e agrega as classificações políticas e as identidades dos grupos às classificações anteriormente definidas. No decorrer do tempo, a visão social agregada à classificação racial se consolidou, e atualmente inclui a origem nacional ou étnica. Isto é fundamental no caso dos territórios ocupados da Cisjordânia, em que há dois grupos: o árabe-palestino e o judeu-israelense.

A organização governamental de controle e repressão como característica constituinte do regime

O crime de *apartheid* é executado no interior de um regime que impõe inferioridade a um dos grupos e se concretiza numa discriminação sistemática e institucional no que diz respeito aos direitos e recursos, e que se torna sua principal característica.

Uma ocupação militar, por definição, consiste num regime imposto de forma violenta sobre a população conquistada. No caso da Cisjordânia, adiciona-se a este cenário um outro grupo, os colonos judeus-israelenses. Sendo cidadãos do país ocupante, eles desfrutam de todos os direitos civis, incluindo a participação e a influência política que é outorgada a cada cidadão em um regime parlamentar, ao contrário dos palestinos, que não têm qualquer influência sobre as normas impostas a eles. Tal realidade leva inevitavelmente a uma discriminação institucional sistemática, por meio da legislação e das práticas, como se exerce até hoje.

Nesses anos de ocupação militar, a legislação israelense se estendeu pouco a pouco às colônias, e os ministérios foram autorizados a nelas exercer suas respectivas atividades. Os habitantes palestinos, por sua vez, vivem sob um regime completamente diferente, um regime militar de ocupação, um regime jurídico-militar, e em condições socioeconômicas bem inferiores.

A superioridade dos colonos se legaliza por decretos, tanto no nível político como nas práticas diárias. Em paralelo a essa discriminação básica, os recursos físicos são desviados de forma contínua em favor da população judia-israelense, às custas da população árabe-palestina, principalmente no que se refere à posse de terras.

Em adição à discriminação em matéria de direitos e recursos, o regime de ocupação impõe regras draconianas de repressão de qualquer resistência ao regime, incluindo a resistência não violenta. Decretos militares proíbem manifestações, passeatas e comícios. As forças militares na Cisjordânia frequentemente levam a cabo detenções de caráter administrativo e tornam ilegal toda e qualquer organização política de resistência.

O objetivo de preservar a dominação

O caráter especial do *apartheid* se expressa na ação contínua de preservação do regime de dominação de um grupo sobre o outro e sua respectiva opressão. A definição da ocupação como "suspensão temporária" da autonomia e dos direitos civis (dos palestinos) foi o álibi utilizado, durante todos esses anos, para evitar a acusação de crime de *apartheid*. A comunidade internacional via nos "processos de paz" uma prova de reconhecimento, por parte de Israel, de que a ocupação é temporária, de que o *status quo* final se resolverá em negociações que culminarão num acordo, e de que não há nenhuma intenção de controlar a vida dos palestinos.

Tal intenção deve ser examinada por intermédio de duas lentes: os atos levados a cabo por Israel na Cisjordânia ocupada ao longo do tempo, e as posições oficiais expressas pelo governo.

O parecer legal aqui emitido conclui que as políticas e as práticas exercidas pelos governos israelenses no decorrer dos anos nos territórios ocupados da Cisjordânia, e que a transformaram de forma irreconhecível e a longo prazo (algumas das quais almejam ser irreversíveis) em todos os setores da vida – terras, infraestrutura, legislação e demografia –, enfim, todo esse conjunto aponta para uma intenção de conservar e preservar o controle sobre o território e, como consequência, sobre a população dominada. A política mais dramática e de mais longo alcance de Israel foi e tem sido a criação de colônias, o que causou uma mudança demográfica nos territórios ocupados, representando o oposto das proibições expressas nas leis internacionais de conquista territorial, e demonstrando, acima de qualquer dúvida, a intenção de eternizar o controle.

Em referência às posições oficiais dos governos de Israel, este parecer jurídico analisa a mudança dramática ocorrida nos últimos anos, que se deslocou da posição tradicional de que a Cisjordânia é uma "zona de litígio" cujo futuro se definirá em negociações e mediante um acordo, para uma nova posição de anexação gradual, cujo significado é o reconhecimento da intenção de preservar a ocupação.

A execução de práticas que constituem *atos desumanos*

A Convenção Apartheid e o Estatuto de Roma incluem uma lista de atos definidos como "desumanos", dos quais os mais destacados na Cisjordânia são a "perseguição" (no Estatuto de Roma) e a "negação de direitos" (na Convenção Apartheid).

Perseguição é entendida como "a privação intencional e grave de direitos fundamentais em violação do direito internacional, por motivos relacionados com a identidade do grupo ou da coletividade em causa". Tal crime coincide com os atos desumanos descritos na Convenção Apartheid, destacando-se a "negação de direitos por meios legislativos ou similares, cujo objetivo é evitar que um dos grupos étnicos participe da vida política, social, econômica ou cultural do país".[39] Esse parecer salienta um número de práticas do governo israelense na Cisjordânia que fundamentam as características do regime e cumprem a definição de perseguição e privação de direitos e/ou se enquadram em atos desumanos adicionais, mencionados na Convenção, como a separação de grupos raciais e a perseguição por resistência ao *apartheid*.

Eis a lista de tais práticas:

▷ **NEGAÇÃO DE DIREITOS CIVIS** Desde 1967, os habitantes palestinos da Cisjordânia (regiões B e C) não têm direito nem a eleger, nem a serem eleitos para as instituições que determinam as normas vigentes ou a administração que os governa. Em paralelo, a lei militar restringe (e até suprime) a maioria dos direitos políticos, entre eles os direitos de organizar-se em associações, de expressão, de protesto e de manifestação. Essa negação seria aceitável pela lei internacional se Israel cumprisse com as leis de ocupação bélica, que conserva o caráter temporário da ocupação e, assim, aspira pôr um fim a ela. No caso da Cisjordânia, como a intenção é preservar o controle israelense, a negação dos direitos é ilegal. Adicionalmente, a negação de direitos civis dos palestinos faz parte da negação de seus direitos coletivos de autodeterminação e de independência. Tal direito é fundamental e tem um papel central no Direito Internacional de Direitos Humanos, assim como configura um princípio básico das relações internacionais, tal como se constituíram na segunda metade do século XX.

▷ **SISTEMA JURÍDICO DUPLO** O poder Legislativo israelense estendeu partes importantes das leis jurídicas israelenses aos judeus israelenses que habitam a Cisjordânia, e frequentemente também aos judeus que lá vivem e não são cidadãos israelenses. Isso inclui, de forma destacada, a lei penal israelense, em caráter individual e extraterritorial. Adicionalmente, o governador militar permite às administrações municipais e regionais, onde habitam judeus, atuarem sob as instruções e os regulamentos das administrações israelenses, sem diferenciação. Dessa forma, criaram-se dois sistemas jurídicos separados, o dos árabes-palestinos, em que prevalece a lei jordaniana de 1967, complementada pelos decretos militares a ela incorporados e que a modificaram desde então, e o dos judeus-israelenses, em que prevalece a lei de Israel. Tal situação causou uma segregação sistemática apoiada na lei, afetando muitos aspectos da vida dos palestinos, a ponto de atingir o princípio básico do direito de igualdade: a igualdade perante a lei. A duplicidade do sistema jurídico priva os palestinos de muitos direitos, como liberdade de locomoção, transparência nos veredistos, direito

---

39. Citação modificada em virtude de problemas presentes na tradução disponível no site da OAS.

à privacidade do indivíduo e da família, direito de organização, de expressão, de protesto e de manifestação. A outorga de mais direitos aos judeus israelenses sempre ocorre às custas de menos direitos aos árabes-palestinos. Isso resulta numa "privação intencional e grave de direitos fundamentais em violação do direito internacional" por pertencer a um dos grupos em causa. O sistema jurídico duplo funciona como obstáculo à "participação na vida política, social, econômica e cultural", favorecendo um dos grupos e penalizando o outro. Ao mesmo tempo, também favorece a criação de "condições que impedem o pleno desenvolvimento" do grupo discriminado, recaindo mais uma vez na "privação intencional e grave de direitos fundamentais", que violam a Lei Internacional, pelo fato de pertencer a um dos grupos.

▷ **BLOQUEIO DE DESENVOLVIMENTO** Com a conquista da Cisjordânia, a responsabilidade pelo planejamento passou para as mãos do governador militar. Seu decreto de 1971 tirou das mãos dos comitês regionais e municipais existentes nos territórios ocupados toda e qualquer responsabilidade, e determinou que todos os membros dos novos comitês seriam judeus israelenses (nomeados pela administração civil e militar de Israel). Nas colônias dos judeus israelenses, entretanto, as responsabilidades pelo planejamento são outorgadas às próprias colônias. Tal medida causou um desenvolvimento acelerado de construções nas colônias e um congelamento quase absoluto nas cidades e povoações palestinas, onde não se constrói há anos. A discriminação também se efetuou na disponibilização de áreas públicas, onde quase a totalidade das terras voltada para tais fins favoreceu as colônias, disponibilizando-se aos palestinos menos de 4% do total. Assim, o regime de planejamento na Cisjordânia, que inclui a repartição de terras para obras e fins públicos, está orientado a impedir os árabes-palestinos de "participar na vida política, social, econômica e cultural do país ou a criar condições que permitam seu pleno desenvolvimento" e, paralelamente, a incentivar um amplo desenvolvimento somente da população judia-israelense. Segundo o Estatuto de Roma, tal prejuízo aos direitos fundamentais reconhecidos pelo Direito Internacional, em razão do pertencimento a um dos grupos, significa perseguição.

▷ **POLÍTICA DE SEGREGAÇÃO ENTRE ISRAELENSES E PALESTINOS** A segregação na Cisjordânia baseia-se no regime de vistos de permissão: proíbe-se um palestino de ir a algum lugar onde haja presença israelense, exceto se houver "um bom motivo" e um visto. Esse regime começou com a proibição de entrada de palestinos nos assentamentos, e foi logo estendido à área periférica dos assentamentos. Com a construção do muro de separação, proibiu-se a presença de palestinos em suas propriedades agrícolas que ficaram "do outro lado do muro", sendo necessário, para isso, um visto. Em paralelo, proibiu-se a entrada de judeus-israelenses em cidades palestinas (região A), exceto daqueles com vistos especiais. Essa segregação é um exemplo clássico de ação que visa à separação da população segundo o pertencimento a um dos grupos, por meio "da criação de reservas separadas e de guetos para os membros de um grupo ou grupos raciais", definida como ato desumano no item 2. D da Convenção Apartheid. A segregação implica ainda uma extensa violação da liberdade de movimento de um dos grupos, o que se define como perseguição no Estatuto de Roma.

▷ **EXPROPRIAÇÃO E DESPOSSESSÃO DE TERRAS** A política israelense, no decorrer dos anos, levou à expropriação e despossessão de centenas de quilômetros quadrados de terra, seja pertencente a indivíduos, seja a comunidades palestinas. Por meio de uma interpretação controversa da Lei de Terra (Otomana) de 1858, a administração civil da Cisjordânia decidiu designar por decreto, ao longo dos anos 1980 e começo dos 1990, aproximadamente mil quilômetros quadrados como Terra do Estado (terras públicas). A utilização destas terras foi discriminatória de forma contundente: 99% delas foram destinadas a israelenses. Adicionalmente, a despossessão de palestinos de suas terras se concretizou via expropriação e mediante o uso de violência pelos colonos. Esta violência pode parecer um excesso proveniente do comportamento dos colonos, no entanto, uma vez que as autoridades fazem vistas grossas e mostram-se continuamente indiferentes, não aplicando medidas punitivas contra os colonos que se apoderam de forma violenta de terras palestinas, leva a que tais ações sejam finalmente consideradas legítimas pelas próprias autoridades. A política de uso e construção ilícita em terras particulares de palestinos é vista como "expropriação de terras e propriedades pertencentes a um grupo racial ou a seus membros". Uma parte dessas expropriações representa literalmente a negação do direito de propriedade de seus donos, uma outra parte representa a despossessão de direitos coletivos de usufruto dos membros de um determinado grupo.

▷ **PERSEGUIÇÃO DE OPOSITORES E CRÍTICOS DO REGIME** Por décadas, até os anos 1990, Israel adotou a prática de expulsão de líderes palestinos contrários à ocupação e favoráveis à independência. O governo militar nos territórios ocupados criou um mecanismo severo que impediu qualquer atividade de resistência e em favor da independência. A liderança palestina, em todos os níveis, foi detida, encarcerada, desterrada e até mesmo assassinada, numa campanha de eliminações violentas. Decretaram-se proibições a toda e qualquer manifestação – sempre afetando exclusivamente a população palestina. Como os decretos proibiram "incitações" de qualquer tipo, qualquer articulação política não violenta foi tornada ilegal. Embora essas medidas visassem, em muitos casos, proteger os colonos de atentados e atos violentos, frequentemente com risco de assassinatos, na maioria das vezes seu objetivo predominante era reprimir a resistência não violenta, o que constitui um ato desumano de "perseguição de organizações ou pessoas, privando-os dos direitos e liberdades fundamentais, porque se opõem ao *apartheid*".

▷ **TRANSFERÊNCIA FORÇADA DE POPULAÇÕES**   Nas últimas décadas, Israel pôs em ação medidas de transferência forçada de palestinos da Cisjordânia para a Faixa de Gaza. Tais medidas se baseiam no congelamento do registro civil, aplicado desde a Segunda Intifada, de tal forma que, quem não tem registro, é considerado residente ilegal e pode, portanto, ser deportado. Em paralelo, Israel leva a cabo uma política de transferência forçada de coletividades inteiras por meio do não reconhecimento da legitimidade de suas localidades, como por exemplo a de Ja'halin e tantas outras no Vale do Jordão e no sul de Hebrom. As transferências forçadas de indivíduos para Gaza, bem como a de coletividades inteiras dentro da Cisjordânia, são parte de uma engenharia demográfica do espaço territorial da Cisjordânia, e representam atos desumanos, segundo o artigo 7º, parágrafo 1º, alínea D, do Estatuto de Roma, e ato de negação de direitos fundamentais, segundo a Convenção Apartheid.

As conclusões do parecer jurídico

Com toda a dificuldade e apesar da gravidade dos termos, conclui-se, nesse parecer, que na Cisjordânia é cometido o crime de *apartheid* pelos judeus-israelenses, tendo os árabes-palestinos como vítimas.

O crime se efetua porque a ocupação (desde a conquista em 1967) não se reduz a um regime de controle e repressão, estando inteiramente associada a um grande projeto de colonização mediante o estabelecimento de população civil nos territórios conquistados. O crime se efetua porque o conquistador não só coloniza o território, mas também investe esforços para preservar seu controle sobre a população dominada e mantê-la em posição de inferioridade. O crime de *apartheid* se efetua porque, neste contexto de controle e opressão de um grupo por outro, as autoridades israelenses realizam políticas e práticas que representam atos desumanos, tal como define o Direito Internacional, e que se explicitam na privação de direitos de um grupo, na negação de recursos para um dos grupos em favor do outro, na obstrução do desenvolvimento dos palestinos e na promoção do desenvolvimento dos colonos, e na separação física e legal entre os grupos, criando dois sistemas jurídicos separados. E essa é apenas uma lista parcial dos atos desumanos cometidos.

O álibi utilizado pelos governos israelenses no decorrer dos anos, de que se trata de uma situação temporária e de que não existe nenhuma intenção de preservar a longo prazo nem o controle, nem a repressão, nem o *status* inferior dos palestinos, tudo isso é reduzido a migalhas com as provas claras de que a política e as práticas exercidas nos territórios ocupados têm como objetivo preservar o controle e a repressão dos palestinos, assim como a superioridade dos colonos israelenses que lá se estabeleceram.

E mais: Israel efetua na Cisjordânia uma anexação gradual que tende a ser total. O significado administrativo de uma anexação é a abolição do governo militar existente e a expansão da autoridade civil israelense para a totalidade do território anexado.

A continuação da anexação legal "passo a passo" leva a uma anexação territorial que acabará impondo a lei israelense sobre os territórios anexados. Isso significa uma unificação de regimes. Em outras palavras, se confirmará a tese segundo a qual o *apartheid* se exerce não tão somente nos territórios ocupados. A unificação dos regimes fará com que Israel se torne um país de *apartheid*.

UM PRESENTE DESOLADOR

Antes do ataque sanguinário perpetrado pelo Hamas em 7 de outubro de 2023, e a consequente invasão sem precedentes, dado o nível de destruição efetuada por Israel na Faixa de Gaza, a situação social e política do país já era dramática. Essa situação produziu uma fragilidade interna que não só pôs em risco a própria unidade nacional, o que era visível interna e externamente, mas também criou a possibilidade e a oportunidade única de golpear Israel num momento de fraqueza.

Após décadas de política agressiva na Cisjordânia, levando a cabo um controle desmedido e ilimitado, com regras de conduta próprias nunca submetidas a qualquer instância superior, os religiosos fundamentalistas (que incluem a maioria dos colonos, embora não exclusivamente) entraram na coalizão governamental para, entre outras coisas, empreender uma reforma judicial profunda que mudaria as bases do sistema de freios e contrapesos de Israel. Com maioria no Parlamento, o governo buscou, com essa reforma, o enfraquecimento do sistema judiciário, o que contribuiria para que os colonos persistissem em suas práticas na Cisjordânia sem risco penal, garantindo a continuidade da aventura colonialista no território ocupado e, quem sabe, até a expulsão de toda a população palestina. Ademais, a reforma serviria ainda para o primeiro-ministro Netanyahu cancelar seu julgamento por corrupção, que provavelmente o levaria à prisão.

Essa aliança diabólica de interesses fez com que, por nove meses, a sociedade israelense assistisse a manifestações de protesto gigantescas, quase diárias, ignoradas pelo governo, demonstrando o nível da cisão interna e, talvez, a incompatibilidade de uma vida comum entre os blocos antagônicos no futuro. As instituições mais sagradas da sociedade, tais como o Supremo Tribunal, o Comando do Exército, as universidades, o setor de alta tecnologia, os *kibutzim* etc., foram tachadas de inimigas do governo.

Nunca a sociedade civil israelense se viu numa posição tão frágil, fruto de uma conspiração arquitetada por um primeiro-ministro corrupto e por aliados fascistas fundamentalistas.

Mas isso tudo e só uma parte da história.

Por anos, o governo de direita israelense fomentou e investiu esforços em manter o Hamas no poder em Gaza, permitindo o funcionamento da máquina financeira internacional bem lubrificada que o sustenta. Como isso se explica, se o Hamas faz parte de uma coalizão islamista internacional que aspira à destruição do Estado de Israel? O plano perverso do governo direitista, ao fortalecer o Hamas, era enfraquecer a Autoridade Palestina (Fatah), que formalmente governa as regiões autônomas da Cisjordânia (isto é, o que sobrou do acordo de Oslo).

O propósito desta tática maquiavélica era evitar que a Fatah voltasse a ser o representante único e legítimo dos palestinos, respaldado pelas potências mundiais, o que obrigaria Israel a negociar um novo acordo, possibilitando a criação do Estado palestino independente. Assim, Netanyahu preferiu ajudar o inimigo para manter o *status quo* na Cisjordânia, satisfazendo os partidos de extrema direita da coalizão e evitando contrariar os colonos.

Em outras palavras: o governo de direita de Israel ajudou por anos um inimigo declarado de Israel, e durante o último ano esteve em confronto direto com as instituições mais importantes do país.

Finalmente, nos dias que antecederam o ataque do Hamas, muitos soldados foram deslocados da fronteira de Gaza para a Cisjordânia, onde os colonos necessitavam de proteção para a realização de ações provocativas nas localidades palestinas. No dia do ataque, havia na Cisjordânia 23 batalhões (protegendo colonos em suas ações) e, na fronteira de Gaza, apenas metade de um. A incursão sanguinária do Hamas foi talvez a maior tragédia já vivida pela população civil de Israel, e a invasão israelense da Faixa de Gaza que se seguiu causou uma destruição jamais vista no Oriente Médio. Muitos dos colonos festejaram a catástrofe chamando-a de "salvação divina", já que serviu de álibi para a reconquista de Gaza, favorecendo uma agenda fanática, qual seja, criar um Estado judeu à luz do imaginário reino bíblico, a "grande Israel". Para tanto, era preciso livrar-se dos não judeus (e, secretamente, também dos opositores de casa). Gaza deverá replicar a Cisjordânia. Portanto, nestas semanas o mundo presencia uma ocupação de fato da Faixa de Gaza, com quase trinta mil mortos, um milhão e meio de refugiados internos que não têm onde morar nem para onde voltar, e uma apatia intencional do governo de direita diante da situação.

Esse ano apocalíptico pode ser comparado com uma explosão de gases tóxicos acumulados durante décadas. O recalque do problema palestino, mantido no quintal dos fundos pela sociedade israelense, que continuou a viver sua vida normalmente, consciente dos excessos e das barbaridades que lá se cometem, fez de todos cúmplices do crime.

Por décadas, a grande maioria da população de Israel quis ignorar o que se passava debaixo de seu nariz, e deliberadamente permitiu que, nos territórios ocupados, imperasse um regime autônomo de caráter fascista, racista e fundamentalista que, com o apoio do exército, pratica um colonialismo da pior espécie.

Mas para continuar a expandir seu colonialismo insaciável, o regime autônomo dos colonos na Cisjordânia precisou conquistar os focos de poder da pátria-mãe.

Foi essa minoria militante que promoveu, vinte e oito anos atrás, uma campanha difamatória contra o primeiro-ministro Itzhak Rabin, que procurava um acordo, e de suas fileiras saiu quem o assassinou, doutrinado diretamente por rabinos fundamentalistas. Agora, depois de consolidar um regime de opressão incontestado, essa mesma minoria precisava destruir o sistema judiciário do Estado, e encontrou um primeiro-ministro em apuros que lhe serviu de patrono.

São mais de setenta e cinco anos desde que Israel foi o principal responsável pela conversão do problema palestino em uma tragédia, passando por cinquenta e seis longos anos de opressão nos territórios ocupados, até chegar a um presente no qual o governo fala abertamente em limpeza étnica, Segunda Nakba em Gaza e fragilização do sistema judiciário do país.

Há em Israel uma parte da população predominantemente laica, que luta contra as medidas do governo e acredita na possibilidade de um acordo de paz duradouro com os palestinos. São cidadãos que sentem como se o país tivesse sido sequestrado por uma minoria fanática. Seu pecado foi recalcar durante anos o problema palestino e deixar os territórios ocupados à mercê dos colonos. O escritor Amós Oz chegou a dizer que, se houvesse uma nova expulsão ou fuga de palestinos, ele pessoalmente se deitaria no asfalto impedindo a passagem do comboio. Esta é a população que se encontra em antagonismo direto com os setores religiosos, mas que perdeu muito de seu protagonismo para a militância organizada da direita fascista. Desde os últimos acontecimentos, muitos falam em abandonar o país, inclusive têm planos concretos nesse sentido.

Do lado palestino, desde o colapso do acordo de Oslo, a Fatah se limitou a governar as sete cidades autônomas (zona A), onde cada uma representa um enclave isolado. As responsabilidades civis na zona B, contempladas pelo acordo, reduziram-se progressivamente, e a única ligação importante existente é o pagamento de milhares de salários para os funcionários (escolas, hospitais, municipalidades etc.). Como quase nada pode ser feito contra a desapropriação de terras e a violência dos colonos, o prestígio da Autoridade Palestina decresce, enquanto o do Hamas aumenta.

A ascensão do Hamas como força política é um fenômeno que se amplia com o tempo, menos por afinidade ideológica e religiosa (os palestinos são sunitas moderados), e mais pela identificação com o ativismo, a ousadia e a resistência contra Israel.

Infelizmente, não surgiu uma geração de lideranças que substitua a desprestigiada Autoridade Palestina e o fanático Hamas, graças em grande medida à repressão de Israel, que trata de neutralizar qualquer esforço nesse sentido. Gaza e Cisjordânia separadas tornam impossível o surgimento de uma liderança palestina unificada que receba reconhecimento internacional, o que serve de álibi para o governo israelense recusar qualquer negociação.

Este é o momento mais desolador e desesperançoso na história do conflito, de ambos os lados. Na evolução ziguezagueante destes anos, em ambos os lados surgiram figuras com novas características. As variantes religiosas fundamentalistas, quase inexistentes no passado, tornaram-se os agentes do caos.

O SIONISMO COMO MARCA COMERCIAL

Este capítulo expôs uma série de descontinuidades históricas que pavimentaram caminhos inesperados e culminaram em um momento dramático na região entre o mar e o Jordão.

Cabe refletir de forma crítica sobre o que resta do sionismo, esse espectro que tanto atormenta judeus e não judeus, acadêmicos, jornalistas, políticos etc., que alimenta e reforça agendas políticas de grupos e movimentos com interesses escusos, alguns mais transparentes, outros menos. E, principalmente, desperta um discurso problemático e perigoso em torno de direitos, legitimidades, narrativas históricas.

Neste momento da história, sendo Israel uma realidade nacional, é necessário refletir sobre a continuidade do projeto sionista.

O sionismo era um projeto "aberto", sem um manual de instruções, cujo objetivo declarado era dar suporte político e econômico para a criação de uma entidade nacional independente. Uma vez cumprida a missão, não haveria razão para mantê-lo vivo.

Com a fundação do Estado de Israel, as práticas e condutas do governo israelense ganharam vida própria, sem depender de um consenso diaspórico representado pelas instituições sionistas. Até a criação de Israel havia uma cumplicidade voluntária entre as numerosas comunidades judaicas na diáspora e o "país em formação", que majoritariamente compartilhavam um objetivo comum. No momento que o governo de Israel passou a agir de forma polêmica, como na proibição do retorno dos palestinos a suas terras no final dos combates em 1948, ou, mais adiante, no engajamento em ações bélicas como a invasão do Egito em 1956 conjuntamente com a França e a Inglaterra, ou na ocupação do sul do Líbano em 1982, que função exerceram as organizações sionistas e as comunidades judaicas diaspóricas? Foram consultadas? Estavam de acordo?

E mais importante: qual o sentido, quais os objetivos em continuar a usar o termo "sionismo" desde então?

Sendo o sionismo um denominador comum que mobiliza os anseios compartilhados pelos judeus diaspóricos e por Israel, invariavelmente carregado de uma conotação ideológica positiva e consensual, o governo pode recrutá-lo como álibi e etiqueta para justificar suas condutas. Assim, a denominação "sionista" hoje é usada para legitimar toda e qualquer prática governamental, e como disfarce em contextos enganosos. Com a atribuição do adjetivo sionista a tais práticas, o sionismo é recrutado como uma etiqueta de *trade mark*, silenciando o diálogo e forjando sujeitos obedientes.

As políticas colonialistas israelenses, ao serem adjetivadas como sionistas, tentam a permanecer imunes a críticas e permitir que Israel mantenha sua imagem higienizada. Tudo passa a ser *kosher* (puro): as invasões, o colonialismo fundamentalista, os dispositivos de vigilância etc.

Por isso, caberia refletir sobre a cumplicidade das comunidades diaspóricas com o Estado de Israel e o alinhamento automático com todas as suas ações.

Que afinidade pode existir entre Israel e a diáspora quando Israel boicota abertamente as principais correntes religiosas do judaísmo diaspórico, isto é, os conservadores e os reformistas, mantendo o monopólio estatal dos judeus ortodoxos, que são os aliados eternos do governo, pois dele dependem economicamente, e deles depende qualquer coalizão governamental, ontem, hoje e no futuro? O que tem a dizer a diáspora em relação à seleção biológica que o Estado pratica para decidir quem é um judeu com direito a viver em Israel, valendo-se para isso de regras genealógicas religiosas impostas pelos partidos religiosos ortodoxos que governam o Estado? E o que pensa um judeu em Vancouver, em São Paulo ou em Londres sobre o fato de que os partidos religiosos que sustentam o governo israelense se opõem à democracia de forma contundente, simpatizam com ideais fascistas e alguns até assim se declaram?

Ainda é valido ser fiel ao Estado independentemente de suas condutas? É ético optar sempre por uma lealdade irracional que tacha qualquer crítica externa de antissemitismo?

É hora de se perguntar se essa tentativa de reverenciar um Estado judeu ainda é importante para cada judeu da diáspora. A ascensão de fundamentalistas fascistas ao poder, o enfraquecimento da coesão interna e a atual destruição mútua durante a guerra dos últimos meses indicam que o momento é adequado para tal reflexão.

A narrativa israelense, subjetivando-se como vítima, apresenta o projeto nacional palestino como uma ameaça a sua existência, devendo, portanto, ser impedido de se concretizar. Ao mesmo tempo, a narrativa palestina, igualmente subjetivada como vítima, joga a culpa sobre Israel (e sobre metade do mundo) por sua posição precária. O Holocausto e a Nakba são as bússolas incompatíveis dos dois lados. Como disse o poeta Mahmoud Darwish, a grande tragédia dos palestinos é que eles são vítimas das vítimas.

Os judeus queriam um Estado para ser um povo normal. A insistência em dizer que "o mundo sempre está contra nós" não é a busca da normalidade, mas a conservação da anormalidade. O isolamento do judeu diaspórico em diferentes épocas da história está sendo copiado e refletido no isolamento político de Israel de forma deliberada. O sentimento de superioridade judia, ao considerar-se "o povo escolhido", expressa o pavor da normalidade, e a insistência em dela se distanciar. Esse sentimento, enfatizado pelo fundamentalismo messiânico que impera entre os quatrocentos mil colonos assentados nos territórios ocupados, e cujos representantes agora estão no governo, cresce com a fome insaciável de grandeza e poder. Ansiosos em regressar a um passado bíblico imaginário e glorioso, perpetuam assim o estado de anormalidade.

Como diz a historiadora Idith Zertal o judeu fanático comporta-se "com o pavor da destruição e a paixão do mesmo, com a consciência de ser o escolhido e a vítima".[40] Ou trata-se simplesmente do desejo do judeu fanático de ficar sozinho com o Deus que o escolheu, em plena exclusividade solitária.

40. *Haaretz*, 1º de dezembro de 2023.

A diáspora
Uma cartografia

O mundo judeu se encontra num momento complexo. A heterogeneidade judaica, composta por infinitos modos de ser judeu, colapsa em meio às suas próprias transformações. Para alguns, essa é uma crise insolúvel, já outros se agarram à nostalgia de tempos passados e melhores, e não faltam os que creem que a crise atual é um anúncio da salvação próxima. Por trás da falsa imagem de um passado comum e esperanças semelhantes, há abismos intransponíveis.

O capítulo sobre os messianismos heréticos retratou um momento especial em que, de forma única, uma elite intelectual foi capaz de pensar a partir de fontes judaicas para além das ideias prontas. A Alemanha dos anos 1920 e 1930 representou a culminação histórica do judeu integrado ao Ocidente cristão, mas também tomado pelo presságio da catástrofe por vir. Aquele messianismo imaginou o judeu, e o fez de modo prudente, embora otimista num certo sentido, como a vanguarda de um universalismo. E assim como os judeus errantes se deslocaram de um lugar a outro durante séculos, em busca de uma vida melhor (ou de uma salvação definitiva), coube aos pensadores judeus imaginarem um porvir redentor, por vezes até utópico.

Porém, nesses cem anos ocorreram dois grandes dramas para os judeus: o Holocausto e a criação de um Estado num lugar carregado de memórias e fantasias, mas habitado por outro povo. A urgência em encontrar uma solução definitiva (um "lar nacional") para um problema interminável (o antissemitismo) condicionou desde então quase tudo o que acontece no mundo judaico. A esses dois polos, o Estado judeu e o antissemitismo, pode-se agregar ainda um outro, para completar o campo magnético: a situação privilegiada da maioria dos judeus nas últimas décadas, seja na política ou na economia, nas artes ou nas ciências dos países onde vivem, seja no plano militar em Israel. Tal situação mudou substancialmente o posicionamento social de muitos judeus. Se antes eles se identificavam com os desfavorecidos e lutavam contra as injustiças sociais, passaram a se alinhar com o poder, com o *establishment*, com os detentores da riqueza. Inúmeros judeus cuja existência era inconformada, subversiva e inovadora adotaram uma postura acomodada, conservadora e reacionária.

O que se vê hoje é uma versão oposta ao que aconteceu há cem anos na Alemanha. O pensamento progressista judaico, em Israel e na diáspora, está condicionado e limitado a priori pelos três polos apresentados. Muitos judeus creem que o medo de um ressurgimento violento do antissemitismo justifica uma atitude agressiva contínua contra inimigos reais e imaginários, e, ao se considerarem vítimas principais, atribuem-se um *status* privilegiado.

Uma curta análise do que acontece na diáspora judaica norte-americana, que reflete (e antecipa) de forma acentuada o que ocorre nas demais diásporas, possibilitará pôr em perspectiva a complexidade da presente situação.

Tradicionalmente, a comunidade judaica nos EUA tem se envolvido profundamente com a sociedade do entorno, seja através de organizações filantrópicas, seja de uma atuação política em favor das minorias. Não se pode imaginar o país sem a atuação dos judeus em quase todos os setores. É sabido que, durante décadas, em cada eleição, desde governadores até prefeitos de pequenas cidades, judeus fizeram contribuições para ambos os candidatos, republicanos e democratas, com o intuito de estar na linha de frente de forma ativa. Desde que o Estado de Israel decidiu apostar nos EUA como aliado estratégico nos anos 1950, formou-se em Washington um *lobby* judaico que exerce influência em legislações sociais, econômicas e políticas, ocupando continuamente altos cargos na administração. O caráter progressista das comunidades judaicas norte-americanas moveu, portanto, o centro religioso, que se deslocou da esfera ortodoxa para a reformista e conservadora, criando práticas comunitárias mais atrativas e livres do rigor ortodoxo.

O cenário, todavia, começou a mudar com a gestão simultânea de Trump e Netanyahu, ambos populistas com tendências autoritárias e fascistas, que partilham uma visão de mundo retrógrada e manipulativa, na qual direitos civis, minorias, igualdade de oportunidades e independência do poder judiciário dão lugar ao poder do dinheiro e aos interesses pessoais. Numa trama maquiavélica, a direita israelense passou a apoiar os republicanos de forma incondicional em troca da total liberdade de ação na política de ocupação dos territórios, além da já declarada identificação ideológica. Esse novo cenário revirou o estômago de muitos judeus norte-americanos, como era se esperar, já que 75% deles votam tradicionalmente no Partido Democrata. O repúdio às práticas do governo Trump e às de Israel perante os palestinos, nessa aliança sacrílega, é elemento decisivo para uma reflexão sobre o novo posicionamento dos judeus progressistas.

O jornalista e professor de Ciências Políticas, Peter Beinart, talvez o mais conhecido entre os críticos do judaísmo americano, descreve a tendência ideológica dos judeus do país:

> nas novas gerações, cada vez menos judeus liberais são sionistas; e menos judeus americanos sionistas são liberais.[1] Um dos motivos para isso é que as principais instituições judaicas norte-americanas se recusaram a promover – de fato, elas se opuseram ativamente a – um sionismo que contesta as condutas israelenses na Cisjordânia e na Faixa de Gaza, e contra os cidadãos árabes que vivem em Israel [...] Moralmente, o sionismo americano está em uma espiral descendente. Se os líderes das organizações judaicas norte-americanas não mudarem de rumo, um dia irão acordar e deparar-se com uma liderança sionista jovem, predominantemente ortodoxa, cuja hostilidade declarada contra árabes e palestinos é assustadora, e uma massa de judeus laicos se verá situada entre a apatia e o horror. Salvar o sionismo liberal nos EUA – para que os judeus ameri-

---

1. Beinart entende por "judeu liberal" uma tendência progressista, e não como um partidário de políticas econômicas liberais.

canos possam ajudar a salvar o sionismo liberal em Israel – é o grande desafio judaico norte-americano do presente. E isso começa [...] discutindo abertamente as políticas do governo israelense, sem desviar o olhar.[2]

Em 2020, Beinart publicou o artigo "Yavne: a Jewish Case for Equality in Israel-Palestine",[3] no qual diagnosticou a contradição interna da comunidade judaica norte-americana ao definir seu posicionamento dentro do mundo judeu. Ali ele descreve de forma quase profética o alinhamento da nova geração de jovens judeus progressista contra Israel, como visto nas universidades norte-americanas nos últimos meses:

> A descrição dos palestinos como odiadores compulsivos de judeus – e a crença correspondente de que prescindir de uma nação judaica significa um suicídio coletivo – emana mais do trauma judaico do que do comportamento palestino [...] É essa ótica do Holocausto que levou o primeiro-ministro Beguin, às vésperas da invasão do Líbano em 1982, a declarar: "A alternativa a isso é Treblinka". É o que permite às organizações judaicas norte-americanas participar de colóquios focados no conflito do Oriente Médio intitulados "De novo 1938?", "O direito de existir", "As fronteiras de Auschwitz" e "Livres de judeus", que criam uma analogia entre o Holocausto e o conflito com os palestinos. A pesquisa acadêmica sugere que, quanto mais profundamente os judeus-israelenses internalizaram uma narrativa de perseguição histórica contra eles, menos simpatia eles têm pelos palestinos.

E Beinart segue:

> O prisma do Holocausto faz com que os judeus que reconhecem o lado humano dos palestinos sejam tachados de ingênuos, ou até traidores; e por outro lado, os que veem os palestinos como sedentos de sangue são considerados realistas e determinados, mesmo que nunca tenham visitado uma família palestina ou lido algum livro escrito por um palestino. A desumanização disfarçada de análise realista se torna um câncer. Não só transforma um palestino em nazista, mas também cada simpatizante da causa será acusado de antissemitismo até provar sua inocência.

---

2. Peter Beinart, *The failure of the american jewish establishment*, Junho 2010.

3. Peter Beinart, "Yavne: A Jewish Case for Equality in Israel-Palestine". In: *Jewish Currents*, 7 de julho de 2020. Disponível *online*.

E conclui:

> Isso leva o governo de Israel e seus aliados judeus na diáspora a identificar no ativismo político que boicota Israel em nome da igualdade dos palestinos uma ameaça à vida judaica maior do que os políticos brancos supremacistas, cujos seguidores atacam sinagogas. Como consequência, o *establishment* judeu norte-americano acaba ensinando aos jovens judeus norte-americanos a propaganda do governo de Israel, em vez de ensinar judaísmo, e assim, uma geração inteira de jovens judeus progressistas americanos se convence de que a comunidade que os educou é corrupta moralmente.

Arielle Angel, editora-chefe do *Jewish Currents*, uma destacada publicação trimestral com orientação progressista, a propósito do apelo da comunidade judaica para participar, em Washington, de uma megamanifestação contra o antissemitismo, que incluiria "todos os sionistas, organizações judaicas e aliados", comenta na edição de outono de 2021:

> [aos organizadores parece] que os antissionistas são imunes aos ataques antijudaicos [...] O sionismo, dizem eles, é o lugar principal do judaísmo, a maneira pela qual os judeus "praticam judaísmo"; sendo assim, os não sionistas ou antissionistas que tentam separar o significado do judaísmo do Estado estão se posicionando como "ex-judeus" ou "não judeus". E isso apesar de muitos desses "ex e não" levarem uma vida judaica tradicional [...] Eles sabem que o que está acontecendo com os palestinos é errado. Mas eles são sionistas. Eles são sionistas precisamente por acreditarem no coletivo judeu, e por acreditarem que um Estado étnico é a melhor forma de garantir sua segurança. E apesar de sua declarada lealdade aos ideais de justiça e igualdade, eles têm demonstrado repetidamente, por meio da recusa em responsabilizar o governo israelense, que o Estado étnico que serve a esse coletivo é mais importante do que a liberdade palestina. Fica claro que, quando eles perguntam "onde está sua solidariedade judaica?", eles querem dizer: "onde está seu sionismo e sua lealdade ao Estado?".[4]

E segue, comentando a resposta de Hannah Arendt a Gershom Sholem, que a criticou em carta pessoal após a publicação de *Eichmann em Jerusalém – Um relato sobre a banalidade do mal*, afirmando

---

4. Arielle Angel, "On loving Jews". In: *Jewish Currents*, 13 de setembro de 2021. Disponível *online*.

que ela carecia de algo "difícil de ser definido, o amor por Israel, que não encontro em você",[5] crítica à qual respondeu Arendt: "Você está certíssimo ao dizer que não tenho um tal amor... Nunca em minha vida *amei* alguma nação ou algum coletivo".[6]

Escreve Angel:

> Certamente não deve existir o amor por uma nação. Mas parece equivocado desprezar um coletivo, se ele resiste à tentação de supremacia, que é elemento essencial para um modo de vida significativo [...] Até a fundação do Estado, a comunidade judaica frequentemente conseguia se distanciar de um modelo supremacista, e em paralelo, criava elementos de coesão com cuidado e sentido de seus propósitos.[7]

O historiador norte-americano Daniel Boyarin vai mais longe ao publicar, em 2023, um livro-manifesto, em suas palavras, traduzível por *A solução do não Estado*. Boyarin, que emigrou para Israel e, após alguns anos, retornou decepcionado aos EUA, escreve:

> os judeus são uma nação diaspórica [...] é possível imaginar uma nação sem Estado não como uma anomalia, ou deficiência, mas como uma forma significativamente melhor de organizar uma vitalidade cultural humana/judaica sem sacrificar a exigência de justiça universal. Rejeito categoricamente a Nação-Estado como solução para a continuidade da existência judaica e de sua cultura, e prefiro um nacionalismo diaspórico que oferece, em lugar de segurança, uma forte possibilidade de uma existência coletiva.[8]

Num outro texto, escrito por ele juntamente com seu irmão, o antropólogo Jonathan Boyarin, intitulado "Diaspora: Generation and the Ground of Jewish Identity", eles afirmam:

> Queremos propor a diáspora, a dissociação das hegemonias étnicas e políticas, como a única estrutura social que possibilita manter a identidade cultural num mundo intrinsecamente interdependente. De fato, sugerimos que a diáspora, e não o monoteísmo, foi a maior contribuição

---

5. Arielle Angel, "On loving Jews", op. cit.
6. Ibid.
7. Ibid.
8. Daniel Boyarin, *The no-State Solution*. New Haven, Yale University Press, Preface, p. XII.

feita à humanidade pelo judaísmo [...] Assimilar a lição da diáspora, isto é, que povos e terras não são natural e organicamente ligados, poderia ajudar a evitar o derramamento de sangue que se vê...[9]

Os irmãos Boyarin advogam a preservação de um judaísmo rabínico moderado como uma possível alternativa da diáspora diante de um Estado judeu.

> Os rabinos da diáspora produziram um fenômeno de renovação da tradição judaica [...] o judaísmo rabínico causa uma ruptura em várias categorias de identidade para evitar ser nacional.[10]

E por serem contrários a ideia de Estado, posicionam-se contra o sionismo:

> O sionismo é uma subversão do judaísmo rabínico, e não é uma surpresa que até a Segunda Guerra Mundial fosse tipicamente laico.[11]

Também não é de surpreender encontrar judeus norte-americanos que se reposicionam tanto em relação a Israel quanto à comunidade judaica local, criando organizações militantes radicais. Exemplo disso é a Jews for Racial & Economic Justice, a JFREJ, que opera em Nova York, e cuja missão é "combater o racismo e a opressão, e lutar pelos direitos de todos participarem democraticamente nas decisões que moldam suas vidas". A JFREJ declara que "os membros da organização atuam como judeus, cuja liberdade está ligada à liberdade de todos os outros povos". Como estratégia contrária à conduta das principais organizações judias, ela põe o conflito entre Israel e Palestina como um tema local com o propósito de envolver os diferentes grupos de esquerda e as diferentes etnias que compõem a comunidade local, e a partir daí organizar eventos, manifestações e outros tipos de atividades. Ou ainda o movimento IfNotNow, cuja missão é

---

9. Daniel Boyarin e Jonathan Boyarin, "Diaspora: generation and the ground of Jewish Identity". *Critical Inquiry*, v. 19, n. 4, 1993, p. 723.
10. Daniel Boyarin e Jonathan Boyarin, "Diaspora...", op. cit., p. 721.
11. Ibidem, p. 719.

organizar a comunidade no combate ao apoio norte-americano ao regime de *apartheid* implantado por Israel nos territórios ocupados, e exigir igualdade e justiça, assim como um próspero futuro para todos os palestinos e israelenses.

No lado oposto do espectro, os judeus norte-americanos de direita deram uma guinada libertarianista igualmente de direita,[12] sintonizada com as mudanças que ocorreram no Partido Republicano desde que Trump assumiu sua liderança. Não limitados a um apoio incondicional às políticas trumpistas, puseram como objetivo implantar em Israel as mesmas práticas conservadoras e libertarianistas, criando organizações financiadas por bilionários judeus, na sua maioria ortodoxos, atuantes nos dois lados do oceano. Uma delas, Kohelet, há anos tem assessorado deputados e ministros dos governos de direita de Israel, visando à execução de políticas de caráter neoliberal por meio de novas leis que transformem a sociedade israelense numa réplica do que os libertarianistas norte-americanos querem levar a cabo nos EUA. Mercado livre, educação privada, enfraquecimento do Poder Judiciário, medicina privada, controle da liberdade universitária, controle dos orçamentos dedicados à cultura, e muito, muitíssimo dinheiro para a colonização dos territórios ocupados, são alguns dos pontos principais de sua agenda ultraconservadora. A efetivação dessa agenda significaria uma mudança radical da estrutura econômica, social e jurídica de Israel, que perderia seu caráter democrático.

Esses exemplos demonstram como Israel se constitui em uma espécie de pomo da discórdia, criando uma cisão praticamente irremediável entre os judeus norte-americanos (e muito provavelmente em outras diásporas). Tal como na Grécia, que culminou com a Guerra de Troia, aqui também o desfecho parece desastroso. Quando Peter Beinart diz ser necessário salvar o sionismo

---

12. A expressão "libertarianismo de direita", usada em diversos idiomas desde a ascensão do trumpismo, é a filosofia política que defende vigorosamente a propriedade privada, o neoliberalismo e as políticas de livre mercado, minimizando o papel do Estado, combatendo tendências progressistas de igualdade social, e vigiando as liberdades acadêmica, cultural e artística.

nos EUA para que judeus norte-americanos possam ajudar o sionismo liberal em Israel, ele demonstra que o seu medo, como judeu norte-americano, é o de perder Israel como uma referência, o que significaria que, sem Israel, o judaísmo diaspórico voltaria a ser identificado somente como uma religião. Beinart não é capaz de pensar num judaísmo diaspórico sem Israel. Os irmãos Boyarin, por sua vez, encontram uma saída, mas ela não traz nenhuma visão ambiciosa, e limita-se a manter o *status quo*, o de viver como judeu norte-americano como se Israel não existisse. E em relação a Arielle Angel, tentando entender o alcance de sua crítica à ruptura interna da comunidade judaica, é necessário perguntar: o que Angel está criticando, o Estado de Israel como Estado, ou Israel com suas condutas deploráveis, que são fruto das circunstâncias? Angel deixaria de ser antissionista se Israel vivesse em paz com os palestinos e abandonasse os territórios ocupados?

Quanto à militância de direita, é significativo o alinhamento inédito da ortodoxia judaica com o capital. Quem poderia imaginar que a corrente ortodoxa do judaísmo, apoiada no *big money*, adotasse uma ideologia libertarianista, que visa destruir a rede de segurança social que protege os fracos e desfavorecidos? Além de manipular os políticos israelenses como marionetes, valendo-se do mesmo *big money* para transformar Israel numa Mississipi, com Ku-Klux-Klan e tudo mais...

Fica evidente a magnitude da ruptura e o nível de angústia que assola o judaísmo norte-americano (e provavelmente as demais diásporas), que o impede de erguer a cabeça e pensar num judaísmo diferente, mais arrojado e visionário.

Quanto a Israel, a complexidade é mais aguda. As primeiras ondas de imigração, mais de cem anos atrás, tal como descrito no capítulo anterior, eram compostas por jovens idealistas responsáveis pela criação de um novo judeu, diametralmente oposto ao diaspórico. No entanto, o novo judeu, ao reterritorializar-se, se subjetivou de forma oposta ao judeu diaspórico. Na tentativa de se situar na história, tornou-se trabalhador na própria terra e combatente que defende seu coletivo, e não o eterno hóspede que depende das condutas do dono da casa. Enquanto pensadores judeus na Alemanha, a partir de uma tradição messiânica, buscavam um caminho de renovação não só para os judeus diaspóricos, os imigrantes na Palestina, com os pés na lama e o rifle nas mãos, personificavam um novo modelo de judeu, num messianismo laico de autossalvação.

Essa nova subjetivação foi nada menos que uma metamorfose total e radical, uma experiência coletiva arrojada e envolvente, e teve consequências dramáticas para o futuro. No ensimesmamento, esses imigrantes sequer tentaram uma possível interação com os palestinos que lá viviam, e as vidas das duas comunidades bifurcaram até o conflito, que dura desde então. Em outras palavras, o projeto radical das primeiras ondas de imigrantes, qual seja, o de se reinventar como judeus, foi um fator com consequências dramáticas na deterioração das relações com os palestinos.

O "novo judeu", então, se tornou uma categoria suplementar no interior da heterogeneidade judia. Longe da diáspora, longe do antissemitismo (aparentemente), dono do seu próprio destino, laico, desligado da hegemonia rabínica e da sua vigilância: o israelense.

Para os nascidos dentro do "universo israelense", o mundo diaspórico foi se transformando em algo remoto. A nova sociedade israelense funcionou como um *melting pot*, cuja função era transformar a massa heterogênea de todos os imigrantes que chegavam em um novo material humano, mais uniforme e principalmente mais moldável, e mais útil ao projeto nacional nascente. Cada novo imigrante deixava para trás um pouco de sua identidade judaica e recebia um tanto de sua nova identidade israelense. Esta, por seu turno, produziu para si uma imagem própria tão gloriosa e heroica que a diáspora de onde ele provinha passava a ser vista com desprezo. De certa maneira, o sujeito diaspórico era aquele que devia se incorporar ao projeto do novo judeu. A relação entre o judeu diaspórico e o israelense nunca foi simétrica: para o judeu diaspórico, o novo Estado se tornou gradualmente uma bússola que ditaria o comportamento e a postura diante do próprio judaísmo. Para o israelense, a diáspora era um gigantesco estoque de recursos que devia estar à disposição do Estado, seja pelos possíveis novos imigrantes, seja pelo apoio político, seja pelo apoio financeiro.

O escritor A. B. Yehoshua tinha uma visão sobre as diferentes identidades no mundo judaico que representava a percepção israelense laica. Yehoshua acreditava que Israel devia ser o centro do judaísmo, e definiu as diferentes normas que deveriam prevalecer, do ponto de vista israelense. Eis um resumo do que o Instituto Hartman de Jerusalém publicou sobre os conceitos de Yehoshua em maio de 2021:

1. Antes da criação do Estado, o judeu era aquele que se autodeclarava judeu (e que não professava outra religião). A adoção de critérios genealógicos ortodoxos (filho de mãe judia etc.) só aconteceu após a criação do Estado, como instrumento de controle de imigração;

2. Portanto, segundo os critérios ortodoxos (genealógicos), a legitimidade do judeu laico está garantida, já que a prática religiosa não faz parte da definição de judeu;

3. Os critérios ortodoxos que definem quem é judeu são ocos e irrelevantes, pois um judeu que não vive em Israel, não fala hebraico, não vive em alguma comunidade judaica e não pratica a religião continua sendo judeu. Portanto, uma definição de pertinência tribal que talvez fosse viável em comunidades pequenas no passado é hoje irrelevante, dada a existência de um Estado e de uma vasta diáspora integrada nas sociedades locais;

4. O critério ortodoxo deixa aberto um corredor pelo qual rabinos podem converter um não judeu, o que esvazia ainda mais o próprio critério;

5. Judeu é aquele que escolheu ser judeu e não aquele que se definiu por motivos biológicos, não importando onde vive, que idioma fale e se pratica a religião;

6. Ser judeu define uma pertinência a um povo e não a uma religião. Por isso a terminologia deve acomodar o "judeu", que não é sinônimo de "judeu religioso que professa a religião judaica";

7. Israel é um país israelense e não um país judeu;

8. É necessário resistir à pressão exercida pelos religiosos e por muitos judeus diaspóricos em reduzir o adjetivo israelense a um *status* civil que define somente uma nacionalidade. Cabe devolver ao adjetivo judeu um significado central que define a identidade de quem vive em Israel;

9. Só em Israel se pode viver uma vida judaica integral. Apenas ali pode florescer uma cultura judaica plena – e não na diáspora. A identidade israelense é a pele do judeu, e não sua roupa;

10. A religião e o Estado devem ser separados;

11. Os palestinos que vivem em Israel são israelenses. A identidade palestina de quem vive em Israel inclui elementos da identidade israelense, e as duas se moldam mutuamente;

12. Nos territórios ocupados deve se criar um país palestino independente.

Os princípios de Yehoshua, na sua maioria, representam um certo consenso no mundo laico de Israel, e durante muito tempo constituíram um discurso hegemônico. Como a textura demográfica de Israel se caracteriza por um crescimento contínuo da população mais religiosa (em obediência às leis rabínicas em diferentes níveis), e um declínio da população laica, o discurso antes hegemônico perde continuamente sua credibilidade. A ascensão da religiosidade traz de volta a figura do "judeu", aquele que, anteriormente, acreditava-se, deveria ser substituído pelo "israelense".

Estudos mostram que quanto mais um habitante de Israel cumpre as práticas religiosas, mais judeu ele se sente, e quanto menos conectado às práticas religiosas, mais israelense ele se considera. Como o nível de cumprimento das práticas religiosas é muito variado, cria-se um espectro de identidades mistas, cada uma com sua respectiva dosagem de "judeu" e de "israelense". Enfim, os habitantes de Israel flutuam na incerteza e na dúvida sobre qual é a sua identidade.

O grande problema é o fato de que a religião em Israel não só acumulou poderes políticos quase ilimitados, desde a criação do Estado, mas também radicalizou-se em seu fundamentalismo. O poder político criou um habitat no qual as comunidades religiosas ortodoxas de Israel vivem segundo suas próprias regras, como que em um território autônomo.

Com o crescente protagonismo do fundamentalismo, uma parte importante da população religiosa cultivou uma ideologia xenófoba e expansionista, que vê na terra bíblica puramente judia (sem o gentio) o valor mais importante do judaísmo. Dessa forma, o espectro que cobria os parâmetros de "ser judeu" e "ser israelense" passou a equivaler a uma polaridade política entre a "direita" e a "esquerda". A identidade israelense vai perdendo espaço para a identidade judaica, assim como as ideias democráticas e progressistas vão ficando para trás, sendo substituídas pelo autoritarismo teocrático como ideologia dominante. Politicamente, isso se reflete numa perda da hegemonia laica. O que ocorre é uma *shtetlização* do Estado.

Essa mudança é dramática, dado o caráter fundamentalista do novo judaísmo. Se por décadas havia uma coexistência razoável entre os diferentes modos de vida da população de Israel, desde a laicidade até a ortodoxia extrema, isso se torna impossível quando uma parte considerável do espectro político vê na anexação definitiva dos territórios ocupados (a "terra bíblica") o principal objetivo do Estado, que para se realizar precisa liquidar a democracia israelense.

Voltando aos EUA: ali é possível igualmente detectar dois polos. A identificação dos judeus diaspóricos progressistas com Israel sempre esteve intimamente relacionada ao caráter "israelense" do Estado. O declínio desse viés coloca-os num dilema que se agrava com a aproximação entre os judeus religiosos norte-americanos e a direita norte-americana populista. O sólido chão onde pisavam agora treme.

Os judeus progressistas precisam de uma Israel "como antes". Se Israel for um Estado religioso e reacionário, e o nível de identificação se reduzir, ou até desaparecer, pode-se supor que o judaísmo diaspórico voltará a se basear predominantemente nas práticas religiosas. É por isso que Beinart quer que os judeus progressistas norte-americanos ajudem a salvar o progressismo do Estado de Israel, caso contrário é ele, Beinart, que não terá onde se agarrar.

A história está repleta de exemplos de minorias fascistas militantes que se apoderam do Estado, vencendo uma maioria que não identificou o perigo a tempo. Regimes democráticos sofrem de uma fraqueza imanente, justamente pelo fato de a maior parte da população não atuar de forma militante e organizada para proteger as frágeis instituições contra os riscos que nascem no interior da própria democracia.

O fundamentalismo religioso em Israel é antidemocrático e se encontra numa posição vantajosa. Dispõe de um território autônomo (os territórios ocupados), tem suas milícias armadas, conta com o apoio de uma parte importante do espectro da população religiosa, e já frequenta os corredores do poder há anos. Além de tudo, possui um grande índice de natalidade a seu favor.

Há cem anos o dilema dos judeus consistia em apostar numa reterritorialização e criar um Estado, ou permanecer na diáspora. As cartas se embaralharam com o Holocausto e com a criação do Estado de Israel, que naquele momento parecia necessário. Mas um novo dilema surgiu com as injustiças cometidas por Israel, sobretudo em virtude da colonização dos territórios ocupados em 1967, porém não a ponto de causar uma ruptura interna no mundo judeu, até o momento em que o Estado marchou numa direção incompatível com os princípios democráticos da maioria dos judeus, dando, de fato, as rédeas do governo à minoria religiosa fundamentalista.

Se o Estado de Israel não for capaz de evitar a ascensão do fascismo, e se não liquidar a colonização dos territórios ocupados permitindo a criação de um Estado palestino, a crise atual pode se tornar traumática e levar o mundo judeu a um beco sem saída. Israel já não será um país desejável para um amplo espectro dos judeus: os israelenses progressistas perderão seu lar e os judeus progressistas da diáspora perderão seu ponto de referência. Sobrarão os judeus ricos da direita que se aliançam com os religiosos fundamentalistas e consolidam um regime de *apartheid* pronto para levar a cabo uma nova Nakba.

Identidade e despossessão
Conclusões

BUTLER E A CRÍTICA AO SIONISMO

Na introdução de seu livro *Caminhos divergentes*, Judith Butler se pergunta sobre o estatuto de sua crítica ao sionismo, sendo ela judia. São dois os riscos: de ser acusada de antissemita, ou então de ver sua crítica atestar mais fortemente seu judaísmo, já que sua reivindicação por justiça e a dimensão universal desse clamor deita raízes na tradição judaica. Assim, "corro o risco de transformar até mesmo a resistência ao sionismo num valor *judaico*, reafirmando assim, indiretamente, os recursos éticos excepcionais da judaicidade".[1] Ao que ela responde que a crítica, por mais inspirada que fosse no judaísmo, requer o afastamento da judaicidade como referência para se poder justamente pensar tanto a ética quanto a política, já que é preciso, no caso de culturas distintas que convivem no Oriente Médio, ampliar o espectro de referência sob pena de permanecer no particularismo de uma tradição. "Na verdade, até a crítica do sionismo, se exclusivamente judaica, amplia a hegemonia judaica para pensar sobre a região e se torna, apesar de si mesma, parte do que poderíamos chamar de efeito sionista."[2] O esforço da autora consiste em diferenciar judaicidade e sionismo, mostrando, entre outras coisas, que podemos encontrar na tradição judaica valores que contestam a subjugação colonial exercida sobre os palestinos, sem dúvida, mas

---

1. Judith Butler, *Caminhos divergentes, judaicidade e crítica do sionismo*, trad. bras. Rogério Bettoni. São Paulo: Boitempo, 2017, p. 12.
2. Ibid.

não se pode reconhecer no sionismo o detentor de tal herança, numa capitalização indireta ou direta dessa memória. Os judeus se orgulham de sua ética – contudo, enquanto ela for propriedade exclusiva deles, é o particularismo étnico que se sobrepõe:

> igualdade, justiça, coabitação e crítica da violência de Estado só podem continuar sendo valores judaicos se *não* forem exclusivamente valores judaicos. Isso quer dizer que a articulação desses valores deve negar a primazia e a exclusividade do quadro de referência judaico, deve passar por sua própria dispersão.[3]

Retrucariam: Ah, dispersão, outro valor judaico! "Você tenta se afastar da judaicidade, mas não consegue!" Ela tem mil vezes razão em sua resposta, ao notar que a ética é relacional, ela já implica a alteridade, e a alteridade, sendo constitutiva da identidade, *interrompe* a identidade – "essa interrupção é a condição da relacionalidade ética".[4] Não significa que a alteridade é um predicado do ser judeu. A ética desloca a ontologia – inclusive judaica. Isso faz parte do pensamento judaico? Sim e não, responde ela. Certamente não faz parte do sionismo político. Pois a dimensão relacional da ética fissura o sujeito e contesta sua soberania, já que prioriza a interpelação vinda de Outro, do Rosto de Outrem, como o mostrou Levinas. É um exercício de despossessão, próximo, talvez, da heteronomia sem servidão a que se refere Vladimir Safatle.

É preciso, aqui, relembrar a definição de Hannah Arendt, adotada por Butler, de judaicidade, ao invés de judaísmo. Judaicidade (*Jewishness*) é uma categoria cultural, histórica e política que caracterizou a situação de populações que podem ou não se envolver em práticas religiosas ou se identificar explicitamente com o judaísmo.[5] Trata-se de um termo que reúne uma multiplicidade de modos sociais de identificação, por vezes contraditórios entre si, sem privilegiar nenhum de-

3. Ibid., p. 14.
4. Ibid., p. 15.
5. Hannah Arendt, *Escritos judaicos*, trad. bras. Laura Degaspare Monte Mascaro, Luciana Garcia de Oliveira e Thiago Dias da Silva. Barueri: Amarylis, 2016.

les. Isso ajuda a pensar que ser judeu, dada a dispersão que lhe é própria, significa afastar-se de si mesmo, num mundo heterogêneo, numa ética relacional não egológica.

Se um livro antissionista for considerado antissemita e com isso se permitisse destituir o autor de sua condição de judeu, isso equivaleria a reconhecer que o sionismo acaparou de vez o sentido da judaicidade. A insistência no valor da coabitação com os não judeus, numa ética relacional, vai na contramão de todo purismo que certa ontologia sionista defende. Hannah Arendt tinha razão: Eichmann achava que podia escolher com quem coabitar na Terra. Mas coabitar não é uma escolha, e sim uma condição da vida política. Os eventos posteriores ao 7 de outubro indicam que Israel quer decidir qual população não deve lhe fazer fronteira, e já está em curso um movimento que reivindica a remoção da população de Gaza, sua deportação, *transfer*, realocamento, seja qual for a palavra que se use para o que é uma expulsão pura e simples, seja através do terrorismo aéreo e terrestre ou de dispositivos ainda em fase de experimentação. Isso nada tem a ver com defesa, mas com despossessão. Daí esse ensinamento que Arendt extraiu do Holocausto, de que

> os Estados-nação jamais deveriam se fundamentar por meio da despossessão de populações inteiras que não se encaixam na ideia purificada da nação. E para os refugiados que nunca quiseram ver de novo a despossessão de populações em nome da pureza nacional ou religiosa, o sionismo e suas formas de violência de Estado não foram a resposta legítima às necessidades prementes dos refugiados judeus.[6]

A judaicidade, comenta Butler, pode e deve ser entendida como um projeto anti-identitário,

> na medida em que podemos dizer até que ser judeu supõe assumir uma relação ética para com o não judeu, e isso decorre da condição diaspórica da judaicidade, segundo a qual a vida em condições de igualdade em um mundo socialmente plural é um ideal ético e político.[7]

6. Judith Butler, *Caminhos...*, op. cit., p. 33.
7. Judith Butler, *Caminhos...*, op. cit., p. 122.

Nesse sentido, ser judeu implica um deslocamento incessante da própria identidade. Relembremos o princípio sorvido em Levinas: a ética precede a ontologia.

Para alguns, esse deslocamento pode soar destrutivo, porém muito mais destrutivo é o risco de cristalização identitária que expele o outro, que se torna assim fonte de risco permanente para a própria sobrevivência, como o atestam as diversas modalidades de resistência palestinas. Arendt o percebeu muito cedo, e, em *Origens do totalitarismo*, de 1951, ao pesquisar diversas situações de apatridia, concluiu que o Estado-nação, para reafirmar a hegemonia da nação que pretende representar, ou seja, para sustentar o nacionalismo que lhe é próprio, produz multidões de refugiados. Daí o esforço da autora numa direção pós-soberana e pós-nacional. Não se trata de dizer que o sionismo equivale ao nazismo, mas de "extrair do genocídio nazista alguns princípios de justiça social que podem e devem influenciar nossos esforços contemporâneos".[8] A apatridia serve como ponto de partida para uma crítica ao Estado-nação, em nome de populações heterogêneas. Em suma, a postura contrária ao Estado-nação é uma defesa da heterogeneidade, e, num sentido mais radical, da dimensão diaspórica que significa coexistência e coabitação com a heterogeneidade.

Quando Israel reivindica o monopólio da despossessão sofrida, encobrindo ou denegando as despossessões provocadas por sua fundação, apenas reitera o que precede. Trata-se, portanto, de se despossuir de toda noção fechada e autorreferencial de pertencimento.[9] Afinal, não haveria modos de pertencimento alheios ao nacionalismo? Como o diz Arendt:

> os judeus que não mais acreditam em seu Deus de maneira tradicional, mas continuam se considerando escolhidos de um modo ou de outro, só podem querer dizer com isso que, por natureza, são os mais sábios, mais rebeldes ou mais fortes da Terra. E isso seria, por mais voltas que se dê, nada mais do que uma superstição racista.[10]

8. Ibid., p. 126.
9. Ibid., p. 132.
10. Hannah Arendt, *Escritos judaicos*, op. cit., p. 140.

Ao tentar encaminhar-se para uma conclusão, Butler reflete sobre as implicações de sua postura. Não se trata, para ela, de opor-se à existência de Israel em virtude de seu histórico de despossessão, mas desmontar "uma estrutura da soberania e da vantagem demográfica do povo judeu".[11] O princípio é simples: "admitir a singularidade de uma história é implicitamente se comprometer com a singularidade de todas as histórias". Quem acompanha a estratégia sionista nos últimos anos há de convir que rumamos numa direção diametralmente oposta. Bastaria invocar os princípios do liberalismo clássico, a saber, a separação entre Estado e religião, a ideia de que raça, religião e etnia não deveriam ser requisitos para a cidadania, e já vemos despontar a acusação de que se almeja a destruição do Estado judeu. Tem razão, pois, Judith Butler ao perguntar como se tornou historicamente possível que os "preceitos do liberalismo clássico fossem igualados ao terrorismo e ao genocídio no início do século XXI". Como pode ser que pedir igualdade civil, nos moldes clássicos, seja ouvido no âmbito sionista como pregar um genocídio? Será que é o liberalismo de Locke ou Montesquieu que ameaça a existência de Israel?

> A crítica do sionismo, portanto, é entendida como oriunda de uma insensibilidade fundamental ao genocídio nazista contra os judeus, ou como uma forma de cumplicidade com esse mesmo genocídio. A crítica do sionismo e de seu comprometimento estrutural com a violência de Estado contra as minorias é, então, associada à violência maciça contra os judeus, à reiteração da inefável catástrofe, e, com isso, à colaboração mais inescrupulosa com a política hitleriana.[12]

Soa cada vez mais utópico ou irrealista o chamado da autora por um novo conceito de cidadania, por uma nova base constitucional para o país, por uma reorganização radical da estrutura fundiária, dada a escalada na direção contrária à qual assistimos diariamente, apesar das resistências multitudinárias que no ano passado tentaram frear a guinada judiciária.

11. Judit Butler, *Caminhos...*, op. cit., p. 216.
12. Ibid., p. 41.

DO GUETO INTERNO (PROUST) À DOMINAÇÃO
DO MUNDO (KISSINGER)

Isaiah Berlin contrapôs a figura de Benjamin Disraeli, o bem-sucedido primeiro-ministro britânico, e Karl Marx, o teórico da revolução. Tudo os separava – a ambição aristocrática de um, o anseio revolucionário do outro. Um aspirava à manutenção da ordem, o outro à crítica do poder. Só tinham em comum o fato de serem ambos judeus *outsiders*. Diferente é o caso de uma outra dupla contrastante: Trotsky e Kissinger. O primeiro, sim, era um *outsider*, o segundo foi o homem do *establishment*, do poder, da guerra, da dominação do planeta. Ora, a ideia de Enzo Traverso, ao mencionar essa dupla, é que o contraste entre ambos indica um deslocamento mais geral. Da situação de pária, o judeu teve acesso a lugares de poder e de glamour. A intelectualidade judaica migrou de uma postura crítica para posições conservadoras. No entreguerras, ela ainda era uma espécie de "guilda de iluministas e iconoclastas", sem reconhecimento institucional – o que não a impedia de criar, muito pelo contrário. Dificilmente, lembra Traverso, se imagina um Kafka ganhando o Prêmio Nobel ou um Benjamin no Collège de France ou no Instituto Max Planck. Em contrapartida, na geração seguinte, os judeus foram reconhecidos e institucionalizados, contratados como consultores de governos, galgaram postos de destaque na indústria de entretenimento nos EUA, além de exercerem uma influência crescente nas finanças, na academia, nas ciências, nas artes, na mídia, nos conglomerados multinacionais.

Tomemos apenas um caso exemplar desse deslocamento, tal como o descreve Edgar Morin.[13] Hollywood foi uma criação de judeus imigrados do Leste Europeu, vindos das mais modestas ocupações. No início do século xx, descobriram o novo mundo do cinema e com audácia e entusiasmo o exploraram, sem o respaldo nem a proteção dos profissionais já estabelecidos. E assim fizeram fortuna. Eis a lista de seus nomes e produtoras: Adolphe

---

13. Edgar Morin, *Le monde moderne et la condition juive*. Paris: Seuil, 2006, p. 133.

Zukor fundou a Paramount; Carl Laemmle, a Universal; os irmãos Warner, a Warner Bros; Louis B. Mayer e Samuel Goldwin, a Metro Goldwin-Mayer; William Fox, a 20th Century Fox; Harry Cohn, a Columbia... Entre outros feitos, incorporaram o ideal de americanização ao fazer filmes baseados em sua própria concepção do sonho americano, de um país mais acolhedor, tolerante e otimista do que eles mesmos enfrentavam.[14] Assim, disseminaram uma visão do sonho norte-americano e uma fé na América que encontrou respaldo entre os norte-americanos brancos e protestantes. Em todo caso, "fabricaram" uma América à imagem e semelhança de seus sonhos. Foi assim, num gosto pelo risco e pela aposta, no jogo, diríamos, que compreenderam a que ponto cada filme exigia uma inovação, convidando autores como Faulkner, Minnelli, ou produtores como Cukor, Lang, Lubitsch. O paradoxo da história: judeus europeus imigrados da Alemanha, como Adorno ou Marcuse, acusaram essa cultura de massas de alienação política, pois anestesiava e cretinizava a consciência revolucionária. Mais tarde, Woody Allen encarnou o gênero da caricatura judaica, e com a guerra foram introduzidos personagens negros. Ora, obviamente que essa presença maciça nos grandes estúdios cobriu os judeus de certa aura de glamour, sucesso, criatividade e poder. Galgaram, ali, um patamar social que no pós-guerra foi num crescendo de reconhecimento, institucionalização, incorporação ao *establishment* cultural.

Voltemos no tempo e mudemos de continente. Tome-se o caso de Proust, no século anterior. Filho de mãe judia e pai talvez convertido, tentou como pôde situar-se para além da judeidade – e foi obcecado por essa ideia. Seu herói, Swann, era inspirado em Charles Haas, um *judeu-gentio* totalmente integrado à alta sociedade, mas, como o comenta Morin, carregava em seu interior, tal como Proust, aliás, um gueto interno. Na obra magna de Proust, parece haver três saídas para atravessar a circunscrição judaica: a guerra, pela qual é possível tornar-se um herói, o dinheiro, ca-

---

14. Neal Gabler, *Le Royaume de leurs rêves. La saga des juifs qui ont fondé Hollywood*. Paris: Calmann-Levy, 2005 apud Morin, *Le monde moderne...*, op. cit., p. 134.

paz de apagar a mediocridade do meio de origem, e a arte, que oferece um passaporte para o mundo. Foi essa última a escolha do autor de *Em busca do tempo perdido*. Também foi esta a opção de Gustav Klimt, Oscar Kokoshka, Modigliani, Soutine, Chagall, Mahler, Schoenberg, Berg, Kurt Weil, Gershwin.

Em todos esses casos e em muitos outros, Edgar Morin lê um encontro do judeu e do gentio num personagem que ele denomina de *judeu-gentio*. Ele só é possível graças a uma abertura, ambiguidade, cosmopolitismo, universalismo. É esse conjunto que permitiu o protagonismo judaico na modernidade. Mas foi essa mesma duplicidade que permitiu também o olhar crítico e cético sobre o mundo ocidental:

> Se fosse preciso exprimir a mensagem profunda da experiência do *judeu-gentio*, eu diria que consiste em nos abrir, primeiramente, para além de uma identidade de pertinência exclusiva, em seguida, para além do comunitarismo e do nacionalismo fechados, por fim, para além do universalismo abstrato e do cosmopolitismo exclusivamente econômico.[15]

É um elogio do hibridismo cultural, e a percepção de que o desenraizamento dos judeus lhes permitiu livrar-se dos clichês cristalizados tanto em uma cultura quanto na outra, favorecendo uma perspectiva crítica e inventiva.

Mas, como dizíamos, algo disso parece ter se esgotado. A ascensão social dos judeus no mundo, dos oligarcas russos aos bilionários ingleses, passando pelos reis dos diamantes belgas, seu lugar, cada vez mais proeminente em vários países e domínios, produziu uma tendência adaptativa e conservadora.

NOSSA HIPÓTESE

Nossa hipótese de início era que o judeu das últimas décadas foi sendo cada vez mais levado a identificar-se a partir de três referências: o antissemitismo, o sionismo, o capitalocentrismo. Em outras palavras, Auschwitz, Israel, Wall Street. Como se esses

15. Edgar Morin, *Le monde moderne...*, op. cit., p. 187.

três lados de um triângulo, o sofrimento extremo, o nacionalismo extremo, o anseio extremo pelo sucesso financeiro, formatassem a identidade judaica contemporânea. Em outros tempos, essa identidade se compunha diferentemente, e não faltavam linhas de fuga, como se viu nas páginas anteriores – messianismos heréticos, engajamentos revolucionários, reinvenções coletivas e subjetivas, aventuras estéticas. Mas tais linhas e várias outras desenvolvidas ao longo dos últimos dois séculos parecem esgotadas. Enzo Traverso chamou a tal esgotamento de fim da modernidade judaica. Ou seja: alguns daqueles traços que, nos dois últimos séculos, desenharam o rosto do judeu, irrigando a cultura europeia, foram se esboroando. Não significa que suas criações deixaram de estar disponíveis como um patrimônio universal, mas nas últimas décadas o vigor criativo do meio judaico arrefeceu vertiginosamente. É preciso dizê-lo com franqueza dolorida: a criatividade judaica e sua irradiação pelo mundo, sobretudo no âmbito europeu e norte-americano, sofreu uma depauperação brutal nas três décadas recentes. Não se trata de saudades de um Kafka, de um Levinas, mesmo de um Cohn-Bendit, para não mencionar o trio Marx-Freud-Einstein – afinal, ainda estão aí Judith Butler, Noam Chomsky, Claudia Andujar. Mas algumas dessas figuras ainda vivas e de notável estatura intelectual se afastaram da vida das comunidades judaicas – ou melhor, as comunidades se afastaram desse perfil crítico, dado o conformismo delas e seu alinhamento político, majoritariamente regressivo. Abandonaram, pois, o cosmopolitismo e o anticonformismo que antes deviam a seu estatuto de *outsiders*, uma vez posta sua situação de exclusão. Tendo o judeu desafiado sua clausura comunitária, mas não tendo a aceitação do entorno, inventou uma espécie de cosmopolitismo pós-nacional.[16] Daí a autoconsciência de si como um *outsider*, justamente aquilo que sofreu uma inflexão no período recente.

16. Enzo Traverso, *The end of Jewish Modernity*, op. cit., p. 38.

Em outras palavras: se antes o judeu era o desterritorializado por excelência, doravante ele se reterritorializou sobre um Estado, um Exército, uma Terra, uma Etnia, um Inimigo, uma Classe.

A que atribuir a mencionada depauperação do judaísmo mundial, se as linhas de fuga que até ontem ainda lhe permitiam respirar se viram bloqueadas? Como entender uma mudança de tal magnitude em pouco tempo? Seria essa a verdadeira tragédia judaica, quando se sobrevive aos campos de concentração e se cria um Estado-nação, os piores monstros até então esconjurados pela condição diaspórica vêm à tona? Haveria, à la Clastres, algo como uma "sociedade (diaspórica) contra o Estado"? Ora, vão nos objetar, não temos nós direito ao que todos os demais povos possuem, um Estado, um exército, uma terra, uma língua, uma história, uma religião, uma Corte Suprema, um Parlamento, Ministérios? Quem nos pode negar isto, depois de tudo o que sofremos justamente por não termos tido a tempo uma terra onde nos refugiarmos, um Exército que nos defendesse, um Estado que nos representasse etc.?

Fica a perplexidade. Não há como conciliar aquele cosmopolitismo com esse nacionalismo, aquele inconformismo com esse pragmatismo político, aquele ateísmo eventual com esse poder sacerdotal, aquele pacifismo internacionalista com essa militarização da existência, aquele viés contestatório com esse conservadorismo crescente. Mas Israel é uma democracia, dirão alguns. Que democracia mantém quatro milhões de pessoas sob um regime militar, na privação de direitos civis elementares, expostos a incursões noturnas, desapropriações arbitrárias, controles incessantes, destruição de plantações, prisões aleatórias, manobras incessantes para enfraquecer as lideranças? E para os que ainda acreditavam que o sionismo poderia ser a realização desse anseio messiânico bimilenar, de uma nova sociedade sobre a Terra, é preciso contrapor a realidade nua e crua: nada mais longe do que almejavam os profetas, eruditos, filósofos, místicos, do que as tendências teocráticas, etnocráticas, fundamentalistas, militaristas atuais. Como então preservar, nessa identificação crescente do judaísmo com o

Estado de Israel, o patrimônio espiritual, cosmopolítico, libertário, nômade, de um povo desterritorializado cuja reterritorialização o devolve à sacralidade da terra, do sangue, da pátria?

Voltemos a Deutscher, que já citamos mais de uma vez:

> Religião? Sou ateu. Nacionalismo judaico? Sou um internacionalista. Em nenhum sentido, portanto, sou judeu. Contudo, sou judeu pela força de minha solidariedade incondicional com os perseguidos e exterminados. Sou judeu porque sinto a tragédia judaica como minha tragédia; porque sinto o pulso da história judaica.[17]

Ora, qual judeu não se reconhece nessa descrição? No entanto, quantas tragédias passadas e alheias os afetavam como se fossem deles? Ainda que não se tenha qualquer vínculo direto com as vítimas... Não é o caso, em nossa geração, com a escravização dos negros, o genocídio dos indígenas, o desterro dos palestinos, o ecocídio, ou as pequenas e grandes barbáries que cruzam suas vidas? Como ficar alheio a cada uma dessas Catástrofes, como ficar aferrado à "sua" própria Catástrofe, como se fosse a maior, a exclusiva, a única que merece atenção? Entende-se, claro, que um judeu europeu nos anos 1950 possa ter sido afetado mais violentamente pelo Holocausto do que por Hiroshima – Günther Anders ainda é um gritante contraexemplo, entre tantos outros. Foi sobre Hiroshima que ele mais escreveu, não sobre Auschwitz.[18]

AUSCHWITZ: PROBLEMA JUDEU OU PROBLEMA DA CIVILIZAÇÃO?

Ousemos retornar ao ponto de horror absoluto pela mão suave de uma de suas testemunhas mais penetrantes. O escritor judeu e húngaro laureado com o prêmio Nobel, Imre Kertész, foi deportado para Auschwitz aos quatorze anos de idade, e depois

---

17. Isaac Deutscher, *O judeu não judeu e outros enaios*, trad. bras. Moniz Bandeira. Rio de Janeiro: Civilização brasileira, 1970, p. 49.

18. Ver Günther Anders, *A ameaça atômica: reflexões radicais sobre a era nuclear*, trad. bras. Gabriel Valladão Silva. São Paulo: n-1 edições, 2023.

levado para Buchenwald. Ali viu chegarem as tropas aliadas e assistiu à liberação do campo. Presenciou o emudecimento dos soldados norte-americanos diante da vala comum e viu como os cidadãos eminentes da vizinha Weimar, onde nasceu Goethe, foram obrigados a "passear" no campo, olhar os cadáveres amontoados, e com os lenços tapando o nariz reiteraram nunca terem visto nada, nunca terem sabido de nada.

Kertész tem consciência que viveu algo muito maior do que um sofrimento pessoal. Dessa "experiência negativa", diz ele, é preciso extrair algo que vai muito além das vítimas ou carrascos. Por isso é ele tão cuidadoso com a memória e tão crítico em relação à espetacularização da tragédia.

> Delineou-se um conformismo ao Holocausto, um sentimentalismo em relação ao Holocausto, um cânone do Holocausto, um sistema de tabus ante o Holocausto e seu mundo linguístico ritual, desenvolveram-se produtos do Holocausto para o consumo do Holocausto. Desenvolveu-se a negação de Auschwitz [...] Hoje, não podemos deixar de viver o *kitsch* de Spielberg, de proporções paquidérmicas, ou o rumor insuportável da discussão infrutífera em torno do monumento ao Holocausto em Berlim; e verão que ainda virá o tempo em que os berlinenses e os estrangeiros aqui chegados (na minha frente agitam-se principalmente os grupos disciplinados de turistas japoneses), no parque do Holocausto equipado de um parque infantil, mergulhados num devaneio peripatético, passearão no barulho do horário de pico do tráfego de Berlim, enquanto a entrevista de número 48 239 de Spielberg sussurrará – ou gritará? – em seus ouvidos a história de um sofrimento pessoal.[19]

Mas, afinal, Spielberg não prestou um serviço valioso ao levar esse tema a milhões de espectadores? Kertész abomina *A lista de Schindler*, e faz questão de criticar "a representação que é incapaz – ou não tem a intenção – de compreender a estreita ligação entre nossa civilização e as vidas pessoais distorcidas, e a possibilidade de ocorrência do Holocausto". É *kitsch*, segundo ele, "tratar Auschwitz como uma questão exclusivamente alemã e judaica", reduzindo-a "ao círculo dos que foram diretamente atingidos, e

19. Imre Kertész, *A língua exilada*, trad. bras. Paulo Schiller. São Paulo: Companhia das Letras, 2004, pp. 174-175.

não a tomam como um acontecimento mundial".[20] É um acontecimento mundial, pois diz respeito à derrocada de nossa civilização, e nos obriga a repensá-la de cabo a rabo. Por isso, diz ele, em seus escritos o "Holocausto nunca aparece no passado". Ao comentar as transformações profundas trazidas por qualquer guerra, ele nota a dificuldade em avaliar o seu alcance. Como que "diante do estrépito, da fumaça e do pânico de um terremoto, ainda não podemos vislumbrar se justo agora alguma coisa morre, ou, ao contrário, exatamente agora nasce".[21] O que poderia nascer de um desastre desses? O que seria essa "alguma coisa"?

> As antigas profecias falam da morte de Deus. Desde Auschwitz nós estamos sós, isso é certo. Temos de criar nossos próprios valores, dia após dia, com o trabalho ético persistente, apesar de invisível, que lhes dará vida e talvez possa transformá-los nos alicerces de uma nova cultura europeia.[22]

E numa visão assumidamente romântica, ao comentar a reconciliação franco-alemã depois da guerra, ele assim a descreve: É como se

> homens duros, que passaram longos períodos em lutas intermináveis, desejando aniquilar-se e num dado instante, no ápice da vida madura, de súbito se veem face a face; e, em vez de sacarem as pistolas, abraçam-se inesperadamente, porque compreendem que cumpriram seu destino e até a morte só uma vida vale a pena, a compreensão profunda do outro, do antigo inimigo, e o trabalho solidário.[23]

Sim, é de solidariedade que se trata, ou de certo "saber distante sobre a solidariedade"? É preciso "fazer emergir a solidariedade que penetra nas raízes de nossas vidas privadas e é capaz, independentemente do poder – de todo poder – de ordenar e preservar a vida – *livrando-nos ao mesmo tempo, da escravidão e das posses*".[24] Paradoxalmente, a singularidade do acontecimento Auschwitz

20. Ibid., p. 177.
21. Ibid., p. 181.
22. Ibid., p. 17.
23. Ibid., p. 184.
24. Ibid., p. 85.

diz respeito a todos, não é propriedade de ninguém, não deveria ser capitalizada por ninguém, e nos obriga a refundar uma ética, para não dizer uma civilização. Assim, embora seja uma obsessão em sua escrita, não se trata de algo pessoal:

> Ouvi que cheguei tarde com "esse tema". Que já não é atual. Que deveria ter tratado "desse tema" antes, há dez anos no mínimo etc. Eu, ao contrário, me dei conta de que nada me interessa de verdade senão o mito de Auschwitz. Quando penso numa nova novela, volto a pensar em Auschwitz. Qualquer coisa que pense, penso em Auschwitz. Quando em aparência falo de outra coisa, falo de Auschwitz. Sou o médium do espírito de Auschwitz. Auschwitz fala através de mim. Comparado com isso, todo o resto me parece uma estupidez. E tenho certeza, muita certeza, de que isso não se deve apenas a motivos pessoais. Auschwitz e o que forma parte dele (e o que não faz parte disso hoje em dia?) é o maior trauma do homem europeu desde a cruz, ainda que demore décadas ou séculos para reconhecê-lo. E, se isso não acontecer, tudo continuará na mesma. Para que escrever, então? E para quem?[25]

Em seu romance *Ser sem destino*, inspirado em sua vivência pessoal, Kertész conta a deportação para Auschwitz e Buchenwald de um garoto de quatorze anos desde o ponto de vista dele. Mostra como ele precisou continuamente decifrar as regras do campo, os códigos, as hierarquias, as relações de poder, as expectativas, as mudanças mínimas – um complexo aprendizado dos signos. Não era o caso de criticar ou de se revoltar, mas de se adaptar, encontrar as razões daquilo que ocorria, até mesmo justificar a necessidade daquilo tudo, num esforço de preservar a capacidade mental de ali navegar. Depois da liberação, na volta para casa, o garoto cruza com um adulto muito interessado pelo que teria a contar. A cada pergunta que lhe faz, o menino responde: "Naturalmente". Ele deve ter passado muitas privações. "Naturalmente." Diante dessas respostas aparentemente resignadas, o adulto se exaspera – afinal, por que a cada pergunta sobre coisas que não são nada naturais o outro responde "naturalmente"?

---

25. Imre Kertész, *Diario de la galera*, trad. esp. Adan Kovacsics. Madri: Acantilado, 2004, p. 8, agosto de 1973.

"Porque num campo de concentração isso é natural." Ao que o outro, que se revela ser jornalista, responde, depois de certa hesitação: mas "o campo de concentração ele mesmo não é natural".[26] Um pouco kafkianamente, o menino abordava "naturalmente" o mecanismo concentracionário, confirmando a leitura que faz Günther Anders de Kafka: que o mais espantoso é que o espantoso não causa mais espanto algum. Não é esse o perigo maior, a naturalização do horror, a blindagem sensorial que ele produz?

No discurso que proferiu em Estocolmo, por ocasião da entrega do prêmio Nobel de literatura, em 2002, assim comenta Kertész sua relação com a escrita e com seu testemunho:

> Sinto que, ao refletir sobre o impacto traumático de Auschwitz, acabo chegando às questões fundamentais da vitalidade e da criatividade do homem de hoje; e ao pensar em Auschwitz dessa forma, eu penso, talvez paradoxalmente, não no passado, mas no futuro.[27]

Auschwitz aparece como o fim de alguma coisa – a civilização – e um ponto de partida, um ponto zero. E se, apesar de não se importar com o que ele é ou não é do ponto de vista da identidade, aceita *ser judeu*, é unicamente pela "sorte",[28] diz ele, e mesmo pela "graça" de poder ter vivido e visto com os próprios olhos alguma coisa em Auschwitz, e que diz respeito à civilização que ao longo dos milênios produziu Auschwitz.

Fica no ar a pergunta:

> Se [Deus] criou o homem à sua imagem e semelhança, à imagem e semelhança de quem criou o homem a seleção de Auschwitz?.[29]

A SENSIBILIDADE SELETIVA

O problema começa com a sensibilidade seletiva. É um dos filtros

---

26. Id., *Etre sans destin*, trad. fr. Natalia e Charles Zaremba. Paris: Actes Sud, 1998, p. 150.
27. Imre Kertész, *Etre sans destin*, op. cit., p. 20.
28. Id., *Kaddisch pour l'enfant qui ne naîtra pas*. Paris: Actes Sud, 1995, p. 114.
29. Id., *Diario*, op. cit., p. 46.

mais perigosos, porque reparte o que merece empatia e o que não. Por conseguinte, no limite, é o que determina quem merece viver ou morrer. Há dores coletivas que sequer entram no nosso radar, porque desde cedo uma mínima palavra ou gesto blindou-nos em relação a elas. Para alguns, nada mais terrível poderia acontecer no mundo do que o massacre de 7 de outubro. Para outros, nada mais cruel do que o bombardeio e morte de trinta mil palestinos em Gaza. E que uns e outros se ignorem mutuamente, ou até comemorem a tragédia alheia, é a banalidade cotidiana.

Não se trata de negar circuitos de proximidade, afinidades singulares, mas por que deveriam elas ser guiadas desde o berço para povo, nação, raça, cor, religião, proveniência, família, sangue, terra? Não seria o caso de reeducar as sensibilidades, abri-las em direção a quem ou ao que é diferente de nós, distante de nós, estranho a nós? O que antigamente, e desde os tempos bíblicos, se chamava de Estrangeiro... Ser afetável para a dor alheia, seja uma pessoa, um povo, até mesmo uma floresta, não é um tal cosmopolitismo ou afetabilidade que poderia livrar os judeus dos particularismos, comunitarismos, etnocentrismos, chauvinismos, fascismos, para não dizer antropocentrismos? Para alguns, isso já faz parte da ética judaica, sendo aliás seu conteúdo último. Que seja. Infelizmente, não é isso que as últimas décadas têm mostrado na concretude das opções tomadas majoritariamente pelas comunidades judaicas, incluindo Israel.

Mahmoud Darwish constata tristemente que o que faz a unidade do mosaico israelense é a vontade unânime de vitória sobre um fantasma em vias de se materializar, ou a necessidade de fazer face ao medo da derrota.

> Tudo se passa como se o palestino, esteja ele presente ou ausente, fosse a essência mesma da existência do israelense. Com a condição, bem entendido, de que esse palestino respeite o papel que lhe foi assinalado. Quanto mais se lhe nega a existência, mais se reconhece o seu peso. E quanto mais, ao contrário, o israelense tende a re-

conhecer essa existência, mais ele coloca em perigo a sua própria. Como se o israelense precisasse convocar o palestino conforme a imagem de sua escolha para permanecer israelense.

E conclui com a pergunta lapidar: "Ele só dispõe dessa identidade?".[30] Infelizmente, essa é a tendência. Sim, o israelense se fabricou um inimigo com todas as peças, um inimigo, aliás, que só tem ao próprio israelense como inimigo. E ele precisa desse inimigo para sentir-se unido. Basta ver a que ponto o país inteiro celebra a mudança ocorrida desde o início da guerra, a unidade nacional recomposta, o espírito de solidariedade interna reencontrado, o heroísmo da juventude redescoberto, a certeza de que o sacrifício em defesa do *lar* devolveu ao país o sentido de sua existência e identidade, que os conflitos em torno da reforma jurídica pareciam ameaçar. "Temos um inimigo comum", finalmente. O poeta palestino explicita: "Este mundo dividido em duas partes, os judeus e os não judeus, não é o nosso".[31]

A *ESTRANGEIRICE* NO CORAÇÃO DA IDENTIDADE

Deleuze e Guattari fizeram uma leitura inusitada da *Carta ao pai*.[32] Kafka teria inflado a imagem do pai a tal ponto, e teria agigantado tanto o triângulo edípico no vértice do qual está situado este pai, que afinal este explodiu, dando a ver os inúmeros triângulos menores que ele ocultava. Com isso, a figura paterna foi devolvida à multiplicidade de relações que sua imagem unitária tentou esconder ou representar:

ampliar e engordar Édipo, exagerá-lo, fazer dele um uso perverso ou para-

---

30. Mahmud Darwish, *Palestine mon pays: l'affaire du poeme*, trad. árabe e hebraica Abdellatif Laâbi e Rita Sabah. Paris: Minuit, 1988, p. 62. Disponível *online*.
31. Ibid., p. 63.
32. Gilles Deleuze e Félix Guattari, "Um Édipo muito gordo". In: *Kafka, por uma literatura menor*, trad. bras. Cíntia Vieira da Silva. Belo Horizonte: Autêntica, 2018 (p. 9 de outra edição).

noico, é já sair da submissão, reerguer a cabeça, e ver por sobre o ombro do pai o que estava em questão todo o tempo nesta história: toda uma micropolítica do desejo, impasses e saídas, submissões e retificações.[33]

Supomos que a história inflou a tal ponto a imagem do judeu, no preconceito contra ele ou no orgulho que ele ostenta, na matança ou na arrogância, que já não sabemos o que significa esse vocábulo e que multiplicidade ele recobre ou encobre. Veja-se o capítulo II: Judá contra os filhos de Israel, judaítas e israelitas, monolatria e monoteísmo, hebreus, canaanitas, ortodoxos e ateus, messiânicos e assimilacionistas, diaspóricos e sionistas, judaísmo ou judaicidade, *judeu-gentio*... Se a maioria do dito povo judeu provém de proselitismos, e a própria noção de *um* povo é fruto de uma fabricação retroativa no esforço de sustentar uma unidade ameaçada de esboroar-se, e cada vez mais guiada por interesses nacionalitários e estatais – o que resta, senão reconhecer que a disputa encarniçada sobre o sentido, primeiro ou último, predominante ou originário, do vocábulo judeu apenas comprova sua impossibilidade...

Hão de dizer que é esta a beleza deste povo. Como pode ser tal multiplicidade fonte de orgulho se a cada dia a prática política se afunila na direção de uma homogeneização? É chegado o momento de liberar a diáspora judaica da tutela político-ideológica que sobre ela exerce o Estado de Israel. Cada vez mais pretende ele falar em nome dos judeus do mundo todo, representar seus interesses, se fazer o herdeiro exclusivo da memória e do legado cultural do judaísmo. Tal pretensão monocêntrica – para não dizer estatocêntrica – vai se revelando mais e mais abusiva, infundada, politicamente perigosa. O sionismo foi uma das opções históricas, apenas uma, entre várias outras que pipocaram ao longo do século XX e que continuam, ainda hoje, sendo tentadas em comunidades diversas, como se viu no caso norte-americano. Mas mesmo no caso do sionismo, mostramos como nas primeiras ondas de imigração jovens idealistas tentaram se reinventar como judeus, e o território funcionava apenas como um espaço protegido para

33. Ibidem.

suas experiências sociais inovadoras, e não como terra sagrada. Quando a terra ganha tal centralidade a partir de uma perspectiva bíblica, é porque adentramos uma configuração totalmente outra.

Uma visão teleológica insiste em enxergar Israel como o desfecho necessário de uma miríade de trajetórias que compõem o que se chama de história judaica. Enxergar no Estado a forma consumada da diáspora é um dos maiores paradoxos historiográficos e políticos. Não existe, e não deveria existir, "resolução final" (que rima com "solução final") para o suposto "problema judeu". Qualquer coisa nesta direção constitui, com o perdão do trocadilho, um verdadeiro "golpe de Estado". É hora de assumir a dimensão diaspórica não apenas como um componente indissociável da condição judaica, mas talvez como o seu elemento mais próprio – próprio aqui significa, paradoxalmente, estrangeiro. Pois diáspora, por definição, significa dispersão e, portanto, mistura com o exterior, abertura à estrangeiridade. É tal plasticidade que permitiu as miscigenações mais frutíferas e inventivas, as aventuras filosóficas, espirituais, as mais revolucionárias – de Espinosa a Freud.

FREUD E A DEMOLIÇÃO DO MITO FUNDADOR

Às vésperas da Segunda Guerra Mundial, Freud mostrou como Moisés, a figura mais eminente do judaísmo, talvez sequer fosse judeu – mas um egípcio. E foi mais longe ao sugerir que o monoteísmo, cuja invenção se atribui a ele, teria sido, no fundo, a retomada de uma religião já professada pelo faraó Akenaton, no século xiv a. C, em torno do deus Aton... O que teria levado o fundador da psicanálise a desafiar o mito fundador do judaísmo, contrariando os supostos "interesses nacionais", justo às vésperas do Holocausto – ou seja, num momento em que tal identificação talvez fosse mais necessária do que nunca, ao menos como apoio psíquico? Suicídio étnico ou precisamente abertura histórica? É o que fez Edward Said interessar-se pelo ensaio freudiano.[34] Talvez a demolição dos mitos fundadores seja uma das mais saudáveis estratégias para liberar uma cultura de seu vetor mais regressivo, e assim desbloquear suas potências mais alvissareiras. O mérito de Freud teria consistido em abrir a identidade judaica em direção ao seu passado não judeu. Ou seja, mostrar que no coração da identidade judaica habitam outras identidades, estrangeiras, e o estrangeiro, nesse caso, sequer seria europeu. "Acho que estou certo ao presumir que Freud mobilizou o passado não europeu para minar qualquer tentativa doutrinária de assentar a identidade judaica em uma fundação sólida, seja ela religiosa ou secular."[35] E ao evocar a contribuição cosmopolita de Isaac Deutscher em *O judeu não judeu*, para compreender a relação desconfortável de Freud com a ortodoxia de sua própria comunidade, Said relembra "seu caráter irremediavelmente diaspórico, desalojado". Ora, é esse então o mais "próprio" dos judeus? Said mesmo responde de maneira afirmativa, no que se poderia chamar um devir-judeu-do-mundo, assim como Mbembe detectou um devir-negro do mundo:

> [esta característica diaspórica] não poderia ser vista como uma característica apenas judaica; em nossa era de vastas transferências populacionais, de refugiados, exilados, expatriados e imigrantes, ela também pode ser encontrada na consciência diaspórica, errante, vacilante, cosmopolita, de alguém que está tanto dentro como fora de sua comunidade. Atualmente, esse é um fenômeno relativamente disseminado.[36]

Foi um modo generoso, vindo de um dos maiores intelectuais palestinos, de resgatar através de Freud um traço da judeidade e relacioná-lo com as movências contemporâneas.

34. Edward Said, *Freud e os não europeus*, trad. bras. Arlena Clemesha. São Paulo: Boitempo, 2004.
35. Ibid., pp. 73-74.
36. Edward Said, *Freud e os não europeus*, op. cit., p. 81.

PERTENÇA

Rodamos, em nossa trajetória ziguezagueante, em torno de um impasse. Há aqui um desafio que extrapola em muito a disponibilidade de ejetar-se do triângulo que moldou a judaicidade contemporânea – antissemitismo, sionismo, capitalocentrismo. O que restaria da judeidade, caso esses referenciais deixassem de ser centrais, não para serem denegados, mas a fim de permitir um jogo mais aberto? Alguns dirão que o que resta, se retiradas essas balizas, é a fissura, o que resta é a marca do Estrangeiro, o que resta é a relação com a alteridade, o que resta é o cosmopolitismo, o que resta é a sensibilidade exacerbada. Mas conforme a intuição de Said, de Butler, talvez de Deutscher, não cabe fazer desse resto o apanágio judaico, já que ele é próprio de certa condição minoritária, pária, nômade, própria de um contingente crescente de refugiados, migrantes, inclusive os palestinos – que, conforme o formulou Darwish, encontram-se na bizarra condição de serem os "judeus" dos judeus.

Sendo assim, se a judaicidade não pode reivindicar para si esse capital que é, por assim dizer, um bem comum, como a água ou o ar ou o que deveria ser a terra – a saber, um bem inapropriável, refratário a qualquer privatização ou captura simbólica, para não dizer territorial –, como pensar o que vem vindo, ou o que poderia advir?

Esse ensaio não pretende indicar qualquer via privilegiada, mas liberar-se daquelas opções imperativas que coagem a maioria dos judeus numa direção única, e isto pelos meios os mais escusos – acusatórios, culpabilizadores, ressentidos, autovitimizadores, lamurientos, chantagistas, fazendo uso da censura midiática ou da coerção institucional. A aversão pelas modalidades de um monismo identitário, com seu cortejo de implicações éticas e políticas, não se deixa silenciar.

Na contramão do crescente identitarismo que percorre o planeta, portanto, gostaríamos de reivindicar um direito à mobilidade de pertença, às opções diaspóricas, pós-nacionais, pós--coloniais, pós-identitárias, pós-capitalistas, pós-eurocêntricas, para não dizer pós-antropocêntricas. E reivindicar a primazia da modalidade autodeclaratória. Poder dizer sou judeu e não sionista, poder dizer eu era judeu e já não sou, poder dizer já não caibo nisso em que se transformou isso tudo, poder sequer lembrar desse fundo sem ser interpretado imediatamente como negacionista, poder abraçar a causa palestina sem ser acusado de traidor, poder juntar-se aos Yanomami, como o fez Claudia Andujar,[37] sem precisar recorrer para tanto à suposta herança judaica, poder simplesmente ser movida por um impulso vital. Talvez, sim, haja uma vida pós-judaica, o judeu pós-judeu, o transjudeu, o além-judeu, talvez seja possível uma geopolítica mental em que essas fronteiras não determinem mais nada, dando espaço a coabitações miscigenadas, comunidades atuais ou virtuais a partir de conectores outros que não a origem, o povo, a raça, a etnia, para não dizer o supremacismo. A esse propósito, um dos mais belos trechos de Franz Fanon se aplica aqui à perfeição.

> Se para mim, a um certo momento, colocou-se a necessidade de ser efetivamente solidário com um determinado passado [...] Não é o mundo negro que dita minha conduta. [...] Não tenho o dever de ser isso ou aquilo... Não sou prisioneiro da história. [...] No mundo em que me encaminho, eu me recrio continuamente. [...] Sou preto, e toneladas de grilhões, tempestades de pancada, torrentes de escarro escorrem pelas minhas costas. Mas não tenho o direito de me deixar paralisar. Não tenho o direito de admitir a mínima parcela de ser na minha existência. Não tenho o direito de me deixar atolar nas determinações do passado. Não sou escravo da Escravidão que desumanizou meus pais. [...] Não se deve tentar fixar o homem, pois o seu destino é ser solto. [...] Eu sou meu próprio fundamento. [...] eu, homem de cor, [...] não tenho o direito de me enquadrar em um mundo de reparações retroativas.[38]

A negritude, para Fanon, não é um destino, mas uma passagem. "Eu não me faço o homem de nenhum passado. Não quero cantar o passado às custas de meu presente e de meu futuro."

É claro que não podemos permanecer no plano individual

---

37. Essa história está narrada pela própria Claudia Andujar, ao lado de Davi Kopenawa, no filme *Gyuri*, de Mariana Lacerda. O documentário foi filmado na aldeia Demini, Terra Indígena Yanomami, em 2018.

38. Franz Fanon, *Peau noire, masques blancs*. Paris: Seuil, 1971, pp. 184–187 [*Pele negra, máscaras brancas*, trad. bras. Renato da Silveira. Salvador: Ed. da UFBA, 2008, pp. 188–190].

apenas. E as reivindicações coletivas ou comunitárias foram e continuam sendo mais do que necessárias no caso de inúmeras minorias pelo globo afora, com todos os paradoxos que as lutas identitárias sempre comportam. Num outro plano, talvez mais filosófico ou poético, falou-se também em comunidade dos sem-comunidade, comunidade inconfessável, comunidade desdobrada, comunidade espiritual. Mas não seria preciso desfazer-se da ideia de que as pertinências implicam necessariamente filiações, portanto sempre hereditárias, referidas sempre a um passado em comum? Por que não sobretudo alianças? Núpcias contranatura, diriam Deleuze e Guattari. Parafraseando um autor conhecido, seria preciso uma boa reforma agrária no pensamento e na afetividade para lograr outras repartições afetivas, outros modos de pertencimento, de dispersão, de dissolução, de ajuntamentos – em paralelo com uma redistribuição concreta da terra, é claro![39] Não seria esta uma via possível? Menos pautada por pertinências herdadas do que por escolhas, deliberadas ou aleatórias, se assim desejarem os sujeitos ali implicados?

Sabemos que no caso dos judeus um contra-argumento atávico há de indagar agressivamente: e se o antissemitismo recrudescer? Como vamos nos defender? Quem vai nos defender? Onde vamos nos refugiar? A história não mostrou suficientemente a que ponto o antissemitismo está sempre à espreita e é coextensivo à condição judaica, desde sempre e para sempre?

O MUNDO INTEIRO ESTÁ CONTRA NÓS?

Essa é uma das certezas mais difíceis de desmontar. Historicamente, não é verdade que *sempre* foi assim, como mostramos no capítulo I, ao datar o começo de um antissemitismo sistemático, para além das guerras de religião, a partir do século XI, quando os judeus foram

---

39. Eduardo Viveiros de Castro referiu-se a uma "reforma agrária da metafísica". Notas de aula do curso sobre espaço, em 2023, na Faculdade de Letras da UFRJ, e no debate realizado no Instituto Goethe de São Paulo, por ocasião do lançamento de seu livro em coautoria com Déborah Danowski *O passado ainda está por vir* (São Paulo: n-1 edições, 2023).

obrigados a viver em gueto. De onde também se pode inferir que não necessariamente *sempre* será assim. Hão de perguntar de onde tiramos nossa bola de cristal. Eis aqui algumas considerações gerais.

No pós-guerra, com a vitória dos aliados, paulatinamente os judeus deixaram de ser considerados uma raça inferior. Para dizê-lo de maneira um pouco grosseira, e estranhamente preconceituosa: eles foram "embranquecidos". Tornaram-se *europeus*. Antes não o eram. A que se deve isto? Em parte, à sua ascensão social nos Estados Unidos, em parte, à culpa europeia, em parte, à aliança estratégica do Ocidente com Israel, mas talvez e sobretudo a uma movimentação de placas tectônicas na geografia do preconceito: o surgimento da islamofobia. O estrangeiro no norte global deixou de ser o judeu e passou a ser o árabe, o muçulmano, o islamista, o imigrante africano. O judeu foi "promovido" à raça branca. Não é difícil prever quem seriam as primeiras vítimas numa eventual escalada fascista na Europa. Os árabes ou muçulmanos ou palestinos são hoje o que foram ontem os "judeus".

É isto um motivo de alívio ou celebração? Claro que não. É lamentável que tenham sido "substituídos", é lamentável que uma sociedade precise de um inimigo a um só tempo externo e interno, e que mobilize seu aparato jurídico, policial, militar, midiático para demonizá-lo. Mais lamentável ainda é que parte da animosidade contra os judeus a que assistimos nos últimos meses se deve à política de Israel, e vem de uma geração de jovens que enxergam na ocupação dos territórios um dos últimos casos de colonialismo, numa era dita pós-colonial. O Ocidente, a OTAN, o norte global, o Império norte-americano – eis alguns dos objetos de crítica, oposição, resistência na esquerda mundial ou no sul global. Mas eis também um desafio que compete a todos, combater qualquer tipo de racismo com o qual, infelizmente, parte das comunidades judaicas se identifica – é o caso, pelo menos, da direita brasileira, com sua denegação do racismo estrutural de que faz parte (prefere falar de "antissemitismo estrutural", numa apropriação repugnante de um conceito forjado para pensar a condição dos negros no Brasil) e seu alinhamento automático com as condutas do Estado de Israel.

O fato é que, oitenta anos atrás, o estatuto das comunidades judaicas no mundo sofreu uma alteração inimaginável. As manifestações anti-israelenses ou os movimentos de solidariedade aos palestinos são reprimidos pelos Estados europeus. Que tais manifestações por vezes ganhem coloração judeofóbica ou antissemita é inegável. Ainda assim, é de se perguntar a que ponto a identificação incondicional do judaísmo com condutas do Estado de Israel, ou a pretensão dessas políticas de representarem o judaísmo, não é parte do problema, ao invés de ser sua solução.

DO DESAPEGO

Foi Nietzsche quem observou, sobre a morte de Deus, que para alguns a notícia pode representar uma catástrofe, a perda de referências, o ensombrecimento do mundo; para outros, ela carrega uma "nova espécie de luz, de felicidade, alívio, encorajamento, aurora".[40] Em outro fragmento sobre o mesmo tema, o homem louco procura Deus com sua lanterna e exclama: "Somos todos seus assassinos!". Em seguida, pergunta: "Que fizemos nós, ao desatar a terra do seu sol?".[41]

Desatar a terra do seu sol, eis o Desastre. *Dis-astro*, indica Maurice Blanchot, corresponde precisamente ao evento que nos desafia, qual seja, nos termos separado do astro em torno do qual antes girávamos. O Desastre consiste no fato contemporâneo de que já não gravitamos em torno de um centro, seja ele ontológico

---

40. Friedrich Nietzsche, *Gaia Ciência*, trad. bras. Paulo César de Souza. São Paulo: Companhia das Letras, 2001, § 343.
41. Ibidem, § 125.

ou teológico, ético ou metafísico, "ser ou ente, Deus ou sujeito". Perder-se do Sol que antes nos iluminava, do Centro que nos organizava, eis o Desastre que a morte de Deus dramatiza.[42]

Mas como não ver nessa ressignificação do Desastre também outra coisa – o livramento da necessidade de um Sol, de um Centro, de uma Referência primordial, eventualmente de uma Transcendência? Não é a isso que aspira certa corrente do pensamento contemporâneo? Desfazer-se da necessidade de um Centro que comande, de uma Unidade que totalize, de um Fundamento que sustente, de um Firmamento que tudo abarque? Daí, aliás, a fórmula n-1 – a multiplicidade imanente esconjura toda instância que pretenda se sobrepor ao livre jogo entre os elementos, dominando-os, seja o Estado, o Capital, Édipo, o Significante, a Razão, o Progresso etc.

Não é algo similar que poderia ocorrer na história judaica contemporânea, cada vez mais dominada por um judeocentrismo etnocrático? Não é hora, para os judeus que assim o desejarem, de se emancipar desse triângulo em que estão encerrados, composto pelo antissemitismo, pelo sionismo e pelo capitalocentrismo, com seus efeitos colaterais, tais como autovitimização, militarização da existência, alheamento do entorno, conformismo elitista – em suma, todos eles fatores capazes de suscitar hostilidade, como se viu nas reações à invasão de Gaza? Afinal, na justificativa interna e externa dos bombardeios havia tudo isso: somos as vítimas, somos os justos, somos os fortes, somos superiores em todos os sentidos – tecnológica, moral, espiritualmente.

Se insistimos nesses pontos, é porque reconhecemos que essas referências que dão contorno e segurança à identidade judaica – antissemitismo, sionismo, capitalocentrismo – se voltam contra ela. Sufocam-na e a depauperam, conduzindo-a rumo a um estrangulamento subjetivo e político próprio aos dominadores, intensificando a cegueira que é própria da arrogância e da soberba. Será isto

---

42. Maurice Blanchot, *L'écriture du désastre*. Paris: Gallimard, 1980 [*A escritura do desastre*, trad. bras. Eclair Antonio Almeida Filho. São Paulo: Lume, 2016].

inevitável? Sabemos que a simples ideia de largar essas balizas soa hoje como um risco existencial, como ameaça de extinção. Quanto trabalho de escavação ou de imaginação ainda será preciso para que outras referências, imagens, desejos possam surgir! Ainda assim, ousemos a pergunta. Que novas terras, existenciais, espirituais, cosmopolíticas, poderiam nascer a partir de um êxodo para fora da referida circunscrição triangular? O que seria uma judaicidade pós-judaica, pós-sionista, pós-nacional, pós-étnica, pós-etnocrática, pós-comunitarista? Não se abre aí um horizonte de possibilidades incertas e dificilmente imagináveis, na contramão do afunilamento regressivo da recente história judaica? Não falamos em nome de um passado glorioso, nem de uma tradição luminosa, sequer de uma utopia disponível no vastíssimo repertório da história judaica. Falamos a partir de uma atualidade em que um combate faz de cada minuto o risco de uma tragédia ou a ocasião para uma saída.

Epílogo

Afinal, o que é um judeu pós-judeu? Ao longo deste livro, não há qualquer indicação a respeito, muito menos uma definição. Ele é o grande ausente deste estudo, embora nele esteja presente a cada linha. Talvez por ele não ser o *objeto* deste livro, mas como que seu *sujeito*, seu *autor*. Por assim dizer, é ele quem fala. O judeu não judeu é *a perspectiva* a partir da qual este livro foi escrito. É, pois, um *ponto de vista*. Que é também um *ponto de vida*.

As crianças se divertem ao ligarem os pontos dispersos numa página para descobrir qual desenho aparecerá: um urso, uma roda gigante, uma estrela cadente. Em nosso caso, os múltiplos pontos que espalhamos ao longo dessas páginas não compõem uma forma dada, caso fossem conectados entre si, mas permitem pressentir uma força, um empuxo, uma espécie de pulsão anarquista. Num outro contexto, Nathalie Zaltzman chamou de "irredutíveis" os seres que às vezes, ao preço da familiaridade com o mundo, se desprendem de estruturas de vida aprisionantes e fazem tudo voar pelos ares. Com sua carga antissocial, esse ímpeto pode até ter um halo demoníaco ou terrorista. Mas o que está em jogo, nisso que ela chama de pulsão anarquista, é uma resistência ao domínio aglutinante de Eros, feito de anexação e posse mortífera. Ao se desobrigarem da autoridade ou do amor que tudo abraça e paralisa, empreendem sua encarniçada luta pela vida.[1]

Uma tal força é capaz de desconectar elementos amalgamados entre si e conectar cada um deles a outras figuras e contextos. Por exemplo, não seria possível "desligar" o judeu diaspórico de sua dependência tóxica do Estado de Israel? E se o próprio Estado

---

1. Nathalie Zaltzmann, *A pulsão anarquista*. São Paulo: Escuta, 1993.

judeu se desligasse dos ditames étnicos, para não dizer raciais, que presidem a Lei do Retorno? E se um judeu deixasse de ser definido em função da mãe judia, e lhe bastasse a autodeclaração? Pode um judeu desligar-se da religião judaica e conectar-se com outra fé, sem deixar de se sentir judeu? E se um judeu deixasse de ficar obcecado com o antissemita que ele pensa ver por toda parte e de quem ele depende para se sentir mais vivo? Que outras aventuras e alianças poderia ele experimentar na vida, longe dessa dependência em relação ao inimigo onipresente que povoa sua mente?

Tantas coisas teriam que ser postas sob suspeita, para que isso fosse possível... toda política ou construção histórica baseada na hipótese de uma continuidade unitária do povo judeu... todo purismo étnico... todo particularismo tribalista... Não é chegada a hora de desconstruir a historiografia que reivindica direitos bíblicos ou históricos sobre uma terra em disputa? Não é o caso de recontar a história do movimento sionista de modo não teleológico, desfazendo-se da convicção de que ele seria a culminação necessária e inevitável de uma trajetória traçada desde sempre? Tratou-se, aqui, de abrir essa historiografia para nela encontrar as encruzilhadas que poderiam ter resultado em desfechos alternativos. E não seria o caso, por fim, de recusar a identificação obsessiva com a história do capitalismo (leia-se dinheiro, lucro, comércio, bancos)?

Talvez um dos pontos mais difíceis seja desfazer-se da ideia de povo escolhido. Sim, com ironia os judeus dizem que foram escolhidos para serem os mais sofridos... Mas essa *boutade* já é soberba e judeocentrismo. O sofrimento dos judeus não faz deles um povo especial, nem lhes dá qualquer direito a mais sobre qualquer terra ou sobre qualquer outro povo. Ele deveria ser uma oportunidade para conectar-se com o sofrimento dos demais povos, vizinhos, próximos ou distantes – e não um álibi para justificar qualquer violência exercida em nome da autodefesa. Isso significa recusar o elogio da força bruta, da superioridade militar, da agressividade bélica, do supremacismo étnico – não é isso tudo que seus perseguidores encarnavam até recentemente?

Como bem o lembra Vladimir Safatle, os *afrikaners*, enviados em larga escala para campos de concentração ingleses depois da Guerra dos Bôeres (cento e vinte mil deportados, dos quais vinte e cinco mil morreram), quando assumiram o poder na África do Sul, em 1948, instauraram o *apartheid* contra as populações negras.

> Lembrar disso talvez ajude a demonstrar que, de certa forma, a experiência de opressão não basta para a produção de experiências políticas com potencial emancipatório. A opressão muitas vezes pode levar apenas à justificação de práticas de autopreservação comunitária diante da lembrança, constantemente reiterada, de uma violência anteriormente sofrida. Fomos violentados e temos o direito a tudo para que nem sequer a sombra dessa violência paire novamente. Assim, se a ação política dos oprimidos não for, imediatamente, traduzida em emancipação coletiva, ela não passará de uma mera ação de defesa. [...] ela irá mobilizar todos os recursos e forças para imunizar grupos, reforçar a segurança, constituir fronteiras. A política se reduzirá então à gestão da imunização.[2]

Em contrapartida, ela poderia "se transformar em uma sensibilidade generalizada a situações análogas de violência" e em "luta geral contra as causas estruturais das múltiplas opressões e conduzirá, com isso, a alianças cada vez maiores".[3]

Um exemplo recente é do cineasta israelense Yuval Abraham, cujo filme, em codireção com o cineasta palestino Basel Adra, intitulado *No Other Land*, foi premiado na Berlinale de 2024. Ao receber o prêmio, Yuval denunciou o apartheid que o separa de seu parceiro: embora moradores de cidades quase contíguas, uma em Israel, outra na Cisjordânia, um pode viajar quando quiser, manifestar-se como desejar, enquanto o outro está submetido à lei marcial. A imprensa israelense não aguentou sua postura pública e o acusou de antissemitismo, fazendo coro com autoridades alemãs. Ele recebeu várias ameaças de morte, sua família foi obrigada a viajar, ele mesmo precisou retardar seu retorno a Israel – Basel Adra corre ainda maior perigo. A nota irônica: boa

---

2. Vladimir Safatle, *Alfabeto das colisões: filosofia prática em modo crônico*. São Paulo: Ubu, 2024, p. 22.
3. Vladimir Safatle, *Alfabeto das colisões*, op. cit., p. x.

parte da família de seus avós morreu nos campos de concentração nazistas. O que lhe fez escrever num post: "não preciso de vossa culpa". Em contrapartida, a mídia israelense, sobretudo a televisiva, só faz celebrar o heroísmo de cada soldado falecido, a supremacia dessa nova geração por sua bravura, espírito de sacrifício, amor à pátria. Como o declarou uma jornalista conhecida do canal *Kan*, Ayalá Chasson, no dia em que dezenas de palestinos esfomeados acorreram aos caminhões de ajuda humanitária e mais de cem deles foram baleados e pisoteados: "Sabem por que vencemos o Hamas? Sabem? Por amor. Amor ao Estado de Israel". A guerra como demonstração suprema do amor.

Fala-se do tesouro da cultura judaica, à qual seria preciso, segundo alguns, retornar com fidelidade. Mas não seria o caso, ao contrário, de se dar o direito de pescar na tradição judaica ou em qualquer outra, cristã, islâmica, budista, sufi, indígena, ateísta, comunista, anarquista, como de fato o fizeram alguns expoentes no século passado? E tomá-las como fontes para subjetivações individuais e coletivas as mais diversas. Confiar na virtude das misturas, mesclas, hibridismos, devires, diferenciações. Confiar na invenção de modalidades de vida comunitária não homogêneas, em convivência próxima ou remota com heterogêneos e não necessariamente com semelhantes. Por vezes, acomete-nos um estranhamento: que ideia, esta, de viver apenas entre judeus... Alguém comentou que um filósofo que só escrevesse para filósofos seria comparável a um padeiro que só fizesse pão para outros padeiros... Que mundo seria este?

Obviamente, todo povo tem seu patrimônio linguístico, cultural, espiritual, mítico, que é seu direito cultivar, proteger, resguardar, superestimar. É esse o caso de qualquer grupo indígena, povo africano, minoria nacional ou maioria nacional. Por que não seria o caso para os judeus? É sim o caso também para os judeus, claro, com a condição, e isso vale para todos os outros casos, que esse direito não se dê às custas da existência de qualquer outro povo, etnia, agrupamento cultural, religioso, político, minoria dissidente. Pois o risco é que o investimento identitário excessivo acabe denegando toda exterioridade. Entra aqui a regra de Arendt a partir de Eichmann: ninguém pode escolher com quem coabitar a terra. É isso a política: negociar as coexistências.

Temos consciência da dificuldade em questionar a prevalência da identidade. Não constituiu ela um pilar na luta pela independência dos povos africanos, pelos direitos das mulheres, das minorias várias, das dissidências de gênero? Vladimir Safatle mostrou como lutas identitárias, frequentemente acusadas de falta de universalismo, são justamente um modo pelo qual os excluídos da humanidade praticam uma universalidade concreta.[4] Talvez hoje, numa cultura pós-identitária, seja preciso diferenciar o uso tático da identidade – capaz de favorecer a consolidação de direitos – de sua essencialização, que corre o risco, sempre, de degenerar numa mística supremacista. Não atrelar, portanto, a identidade à pertinência a um Estado, a uma religião, a uma terra. Se algumas dessas reticências estivessem presentes e fossem prevalentes no contexto israelense, o país já teria vivido uma guinada na direção oposta às tendências etnocráticas, fundamentalistas, expansionistas, hoje predominantes. Quanto à diáspora, como deixar de desejar que, em algum momento, a aspiração predominante deixe de ser a reunião do povo na terra santa, e adotar uma espécie de internacionalismo cosmopolítico?[5]

Falávamos de uma força capaz de separar o que está amalgamado, liberando cada elemento para outras composições. Deleuze comenta que é preciso alguma crueldade para desatar certos liames, e que isto é uma generosidade. Sim, como num desmame. Não podemos dizer que nessa operação, tal como ela se impôs a nós, estejamos isentos de certa cólera. "A filosofia é inseparável de uma cólera contra a época", dizia Deleuze.[6] Ou como o escreveu Vladimir Safatle:

---

4. Vladimir Safatle, *Alfabeto das colisões*, op. cit., p. 118.
5. Julien Pallota, *Por uma internacional cosmopolitica*. São Paulo: n-1 edições, 2024.
6. Gilles Deleuze, *Conversações*, trad. bras. Peter P. Pelbart. São Paulo: Ed. 34, 1992 (sétima página não numerada).

> Não há nada de *philia*, de amor, na filosofia. O que a fez aparecer foi a raiva. Uma raiva da *doxa*, raiva do senso comum, da maneira como ordinariamente falamos e organizamos nossa experiência [...] Falta a raiva contra nossas formas de conhecer, contra nossas formas de fazer formas, contra nossas formas de agir até agora. Isso não é nem nunca será um esforço de esclarecimento. Isso é um esforço de decomposição.[7]

Outras vezes, foi preciso um gesto amoroso, acolher com cuidado e ternura aquilo que foi atropelado pelo trem da história e que ali jaz, agonizante, à espera de um acalanto. Sim, é preciso salvar a dignidade do que vem sendo destruído. Defender certa dignidade judaica implica cada vez mais criticar a indignidade do que fazem em seu nome. Portanto, o zigue-zague entre a cólera e a amorosidade estrutura este livro. Aqui, fala-se sempre, por assim dizer, de dentro do vivido e da experiência, e não acima deles, como quem julga. É a diferença entre moral e ética. A moral julga a vida a partir de seu tribunal transcendente. A ética avalia os modos de existência de modo imanente, segundo suas composições. Os critérios não são mais o certo ou o errado, o verdadeiro ou o falso, nem mesmo o justo ou o injusto, segundo uma tábua de valores já dada, universal, a-histórica. Em vez disso, a pergunta é antes: alto ou baixo? Vital ou mortífero? Carente ou superabundante? Pobre ou rico? Triste ou alegre? Sempre a partir das circunstâncias concretas. A altura a que chegou o pensamento da geração dos anos 1930-40 em face da baixeza da época que se gestava, em que se dividia o mundo em amigo/inimigo, eis um exemplo admirável. Que mundo triste, dizia Darwish em outro contexto. Veja-se a baixeza a que chegou o domínio sobre os palestinos, o caráter mortífero da ocupação, o fundamentalismo sequestrando as instituições, não é a vitalidade mesma do país que se vê assim sufocada?

---

7. Vladimir Safatle, *Alfabeto das colisões*, op. cit., p. 22.

Para além da cólera ou do amor, para aquém das identidades em jogo, bastaria perscrutar naquilo que já somos uma proliferação que nos leva necessariamente para além do que somos ou do que fomos:

> Há sempre um outro sopro no meu, um outro pensamento no meu, uma outra posse no que possuo, mil coisas e mil seres implicados nas minhas complicações: todo verdadeiro pensamento é uma agressão. Não se trata das influências que sofremos, mas das insuflações, flutuações que *somos*, com as quais nos confundimos.[8]

BERLIM–TEL AVIV
Março de 2024

---

8. Gilles Deleuze, *Conversações*, op. cit., p. 15.

Cronologia

PENTATEUCO (TORÁ)

LIVRO	DATA	ACONTECIMENTO
Gênesis	3760–1757 a. C.	→ Criação do mundo → Dilúvio → Torre de Babel
Gênesis	1757–1422 a. C.	→ Abraão → Isaac → Jacó
Êxodo	1422–1311 a. C.	→ Moisés → Escravidão no Egito → Saída do Egito → Recebimento da Torá no Monte Sinai
Levítico		→ Leis dos sacrifícios → Regras de família → Listas das celebrações
Números	1311–1272 a. C.	→ A caminhada no deserto → Leis do futuro Templo
Deuteronômio		→ Resumo de todas as leis na voz de Moisés

PRIMEIROS PROFETAS

LIVRO	DATA	ACONTECIMENTO
Josué	1272–1244 a. C.	→ Conquista de Canaã
Juízes	1244–1025 a. C.	→ Líderes nos primeiros anos em Canaã → Samuel
Samuel I, II	1025–970 a. C.	→ Rei Saul → Rei Davi
Reis I, II	970–931 a. C.	→ Rei Salomão → Cisão do reino em dois (Israel e Judá)
Reis I, II	931–724 a. C.	→ Reis de ambos os reinos até a conquista de Israel pela Assíria
Reis I, II	724–586 a. C.	→ Reis de Judá como reino único até a conquista pela Babilônia

Dados Internacionais de Catalogação na Publicação (CIP)
(Câmara Brasileira do Livro: SP, Brasil)

L298j   Laor, Bentzi. Pelbart, Peter Pál.

O judeu pós-judeu: judaicidade e etnocracia. Bentzi Laor, Peter Pál
Pelbart. São Paulo, SP: n-1 edições, 2024.
224 páginas; 14 cm x 21 cm.

ISBN: 978-65-6119-008-4

1. Filosofia e disciplinas relacionadas. 2. Judaicidade etnocracia.
I. Pelbart, Peter Pál. II. Título.

                                    CDD: 100

2024-394   CDU: 1

Elaborado por Odilio Hilario Moreira Junior (CRB-8/ 9949)

Índices para catálogo sistemático:
1. Filosofia 100
2. Filosofia 1

n–1

O livro como imagem do mundo é de toda maneira uma ideia insípida. Na verdade não basta dizer Viva o múltiplo, grito de resto difícil de emitir. Nenhuma habilidade tipográfica, lexical ou mesmo sintática será suficiente para fazê-lo ouvir. É preciso fazer o múltiplo, não acrescentando sempre uma dimensão superior, mas, ao contrário, da maneira mais simples, com força de sobriedade, no nível das dimensões de que se dispõe, sempre n-1 (é somente assim que o uno faz parte do múltiplo, estando sempre subtraído dele). Subtrair o único da multiplicidade a ser constituída; escrever a n-1.

Gilles Deleuze e Félix Guattari

n-1edicoes.org

v. fa3oaf5